与孩子开启哲学对话

[日] 河野哲也 著
杨振宇 译

机械工业出版社
CHINA MACHINE PRESS

Original Japanese title: JIBUN DE KANGAE JIBUN DE HANASERU KODOMO WO SODATERU TETSUGAKU LESSON
Copyright © Tetsuya Kono 2018
Original Japanese edition published by KAWADE SHOBO SHINSHA Ltd. Publishers
Simplified Chinese translation rights arranged with KAWADE SHOBO SHINSHA Ltd. Publishers through The English Agency (Japan) Ltd. and Shanghai To-Asia Culture Co., Ltd.

北京市版权局著作权合同登记　图字：01-2020-0406号。

图书在版编目（CIP）数据

没有唯一答案：与孩子开启哲学对话／（日）河野哲也著；杨振宇译. — 北京：机械工业出版社，2022.2
ISBN 978-7-111-69845-6

Ⅰ. ①没… Ⅱ. ①河… ②杨… Ⅲ. ①小学生-学习方法 Ⅳ. ①G622.46

中国版本图书馆CIP数据核字（2021）第253231号

机械工业出版社（北京市百万庄大街22号　邮政编码100037）
策划编辑：刘文蕾　刘春晨　丁　悦　　责任编辑：刘文蕾　刘春晨　丁　悦
责任校对：闫　华　　　　　　　　　　责任印制：单爱军
北京新华印刷有限公司印刷
2022年3月第1版·第1次印刷
145mm×210mm·6.35印张·133千字
标准书号：ISBN 978-7-111-69845-6
定价：59.80元

电话服务　　　　　　　　　　　网络服务
客服电话：010-88361066　　　　机　工　官　网：www.cmpbook.com
　　　　　010-88379833　　　　机　工　官　博：weibo.com/cmp1952
　　　　　010-68326294　　　　金　书　网：www.golden-book.com
封底无防伪标均为盗版　　　　　机工教育服务网：www.cmpedu.com

关于本书

本书在 2014 年出版的前著的基础上进行了全面改版，经过润色和修改，内容更加通俗易懂，老少咸宜，以飨读者，希望它能对更多的读者有所裨益。

在前著出版后的四年时间里，儿童哲学所处的环境发生了显著的变化，从小学到高中，越来越多的学校开始哲学对话教育，有的学校甚至将其作为一门正式课程在全校推广。日本的宫城县大力开展"探究对话"活动（P4C：Philosophy for Children，儿童哲学），而笔者参与监制的"Q～儿童哲学"系列节目也开始在日本 NHK 的 E-Tele 上播映。以笔者个人来说，下到托儿所和幼儿园，上到高中，有越来越多的机会受家长会、教师会乃至教育委员会之邀就儿童哲学、咖啡哲学开展沙龙实践活动或进行演讲。

日本近期的教育发展变化对儿童哲学也起到了推波助澜的作用，具体包括：主动学习、PISA（国际学生评估项目）的核心竞争力教育、2020年的日本高考改革、"思考与讨论之道德"正式成为教学科目、中小学设立新科目"公共"（日本的公民教育课程——译者注）、公共教育兴起等。从整体来看，这些都是以培养学生的思考力和对话力为目标的。然而这还远远不够。今天的日本人更倾向于思考人生应该追求的价值、人与人的交往方式、什么是理想的社会、如何去面对自然与生命、科技应该走向何方之类的问题。

笔者认为，对话活动中蕴含着改变时代的力量。笔者衷心期盼各位读者能通过这本全新改版的书，去亲近儿童哲学。

译者序

哲学对话最大的特点是,没有唯一的答案,甚至可以没有答案,而是更加注重对话的过程。通过对话,可以让孩子学会从各种不同的角度去看问题、发现问题的本质,从而提升孩子的思辨能力,激发孩子的创造力,并学会尊重他人的想法,成为"和而不同"的谦谦君子。

相比之下,原作者河野哲也先生在本书中指出了传统应试教育的一些弊端,如:更倾向于填鸭式学习、死记硬背唯一的正确答案。诚如原作者所言,在互联网蓬勃发展的今天,单纯记住知识的能力已经越来越难以派上用场,但是我们也大可不必因此就认为儿童哲学与传统应试教育是相互对立的。

其实,我们不妨在应试教育的框架内,尝试与孩子开启哲学对话,为孩子找到一片新的天地。有了批判性思维,孩子会变得更爱思考、更爱提出问题,这样的孩子会受到老师的欢迎；有了关怀性思维，孩子会变得更有爱心、懂得顾及他人的感受，这样的孩子自然会受到同学们的欢迎；有了创造性思维，孩子就会变得更加活泼阳光、积极向上、勇于创新，在各类活动中为自己、为集体赢得荣誉。由此可见，儿童哲学与传统应试教育其实并不冲突，二者相辅相成，会产生奇妙的化学反应，让孩子变得更加优秀。

有能力与孩子进行哲学对话的成年人主要包括孩子家长、学校教师以及培训机构的教师。学校中的儿童哲学是一种基于团队探究、哲思对话的教学方法，可以帮助孩子发展思维能力与学习能力，培养孩子主动思考的习惯。然而儿童哲学培训机构在我国还属于新兴事物，除一线城市外，其他城市目前还相对缺乏儿童哲学培训资源。在这样的背景下，要实践儿童哲学，就更需要各位家长亲力亲为，带领孩子去开启哲学对话的大门。

同时，译者也热切期盼有更多的中小学、幼儿园一线教师可以有机会读到本书，并将书中所介绍的内容运用到教学实践中。尤其是本书的后半部分，原作者根据他自身的教学经验，给出了极为详尽的实际操作指南。由于中日两国存在国情差异，书中内容不能完全照搬，然而这并不影响其借鉴意义和实用价值。如果读到本书的家长认可儿童哲学的对话式教学方式，也不妨将本书推荐给学校的任课老师，扩大儿童哲学的影响和普及范围。

由于译者水平有限，本书中如有错漏之处，欢迎各位读者朋友批评指正。在本书的编译过程中，译者得到了黑龙江大学的张广和张立伟两位恩师的悉心指导，特此致谢。

译者　杨振宇

前言
培养独立思考、勇于表达的孩子

如何应对瞬息万变的教育

儿童教育是一个永恒不变的社会话题。日本教育政策在最近20年间也出现了显著的变化。20世纪90年代初,一味灌输知识的"填鸭式教育"备受诟病,基于"新学力观"的所谓的"素质教育"开始兴起。然而近些年,"素质教育"又开始受到批判,基础学力再度受到重视,人们会为PISA之类的国际教育排名的变动而或喜或忧。然而需要我们去认真思考的是:孩子究竟需要什么样的教育? 哪些才是孩子真正应该掌握的能力?

单纯记忆知识的教育方式早已过时,这已成为人们的共识。如今信息设备广泛普及,瞬间获取大量的信息易如反掌,在这样的大时代里,只强调记忆的学习方法已经落伍了。一查就知道的事情,为什么还要刻意记住呢?毋庸置疑,在这样一个机器人和人工智能飞速发展的时代,比谁算得快、算得对的纯计算能力已不再那么重要。那么当今我们应该掌握哪些能力呢？人们众口一词："**当今社会需要的是思考力和沟通力，尤其是进行对话和讨论的能力。**"知识仅仅是人们过去经验的累积，我们更需要的是利用知识去应对新现实的思考力。现实社会中任何领域的工作都不能只靠单打独斗，而需要与不同的人去共同协作，为此，沟通力和表达自身想法的能力就变得至关重要。这已经是社会共识，笔者也深感赞同。然而问题是，思考力和沟通力究竟是什么样的能力呢？又该如何去培养呢？

本书中所倡导的"儿童哲学"，就是一种备受瞩目的培养思考力与对话力的方法。**所谓"儿童哲学"就是，孩子们以哲学为主题开展对话，从而培养他们与他人进行合理讨论的能力和独立思考的能力。**然而，通过儿童哲学去培养思考力与对话力，绝不仅仅是为了满足现代社会的需求（尽管这也很重要）。哲学对话教育还承载着更加宏大的使命：引导孩子去思考如何度过有意义的人生，如何构建更好的社会。与其毫无批判性地追随权威或别人的意见，不如去建立属于自己的价值观，独立判断，自发行动，为此就需要哲学的指引。笔者认为，这些都应该从儿童开始抓起。

"儿童哲学"这种教学方式20世纪20年代起源于德国，20世纪70年代，在美国哲学家马修·李普曼（Matthew Lipman）的努力下得以发展壮大。20世纪80年代，相关的学会和教育机构如雨后春笋般相继成立，在世界各地开始普及儿童哲学，无论在北美、南美、欧洲，还是在亚洲和中东，各国的初中、高中，甚至小学、幼儿园、托儿所，都开始了相关的实践。日本的私立学校和公立学校从 21 世纪才开始奋起直追，这些年取得了长足的进步和飞跃性的发展。而笔者也与同事以及合作学校的老师一起，在日本的小学、初中和高中开展儿童哲学实践（称初中生和高中生为"儿童"可能有些失礼，这里特指所有未成年的青少年）。

那么，如何在学校开展哲学教育呢？又有哪些好处呢？笔者将结合自身的实践经历，在本书中向读者慢慢道来。

培养思考力与对话力的"儿童哲学"

"儿童哲学"语境下的"哲学"，绝非让孩子去读那些晦涩难懂的文章，而是一种对话活动，以身边的主题和故事为题材，由孩子自己决定命题和问题，互相交换意见，加深对问题的思考，最终并非一定要得出结论（对话本来是指一对一的对话，本书中也可广义指多人之间的对话）。即使是生活中的常见话题，孩子也可以在对话的过程中提高讨论的深度，最终达到哲学的高度。他们的发言会越来越精彩，还会开始沉思。

在从命题设定到最终结果都充满开放性的哲学对话中，教师扮演着与以往大相径庭的角色，从"授课"变成了促进对话、提出问题、改变讨论，耐心等待孩子得出自己的见解，并作为与孩子对等的参与者去阐述自己的见解。**换言之，由学生向教师学习转换为教师向学生学习。**作为一位好老师，应该让学生主动发言，并且如果学生发言精彩，也能让老师有所收获。儿童哲学的目的是，通过对话式的学习，使孩子品味有意义的人生。这可以让孩子践行哲学，同时也可以让大人与孩子共同研习哲学。**对话不仅能让孩子，也能让孩子身边的大人获得成长。**

开发不成熟孩子的心智

"的确需要这样的哲学""哲学本来就要与孩子一起学"，看了上文的说明之后，想必很多读者都会心悦诚服。反之，也会有人怀疑所谓的儿童哲学究竟是否存在，这些人认为："只有知识和经验丰富的大人才能去思考那些抽象而又晦涩的问题""孩子的思维能力还不成熟，没有大人的指导不能独立思考哲学命题"……笔者期待持此种想法的人能尝试阅读这本书，也许会让您茅塞顿开。

直到20世纪70年代瑞士心理学家让·皮亚杰（Jean Piaget）的心理学理论兴起之前，人们一直认为儿童只能思考具体的事物，而无法理解抽象的概念。当时人们普遍认为，孩子要等到初中高年级时才能开始理解抽象的概念。今天，这样的说法广受批评，在儿童发展心理学领域中也已经站不住脚。曾经有一种偏见认为，女性没有哲学思考能力，而认为儿童不能进行抽象性思考又何尝不是一种偏见呢？笔者甚至大胆揣测，目前的教育是否也建立在歧视儿童的基础之上呢？笔者认为教育领域亟须做出改变。

儿童的确相对缺乏经验，但这并不代表儿童的认知就一定肤浅。虽然孩子小小的身体没有足够的体力，有时会导致无法长时间集中精力进行思考，但孩子还是有能力进行理性思考的。尽管他们的人生才刚刚开始，但他们依然会在脑海中描绘自己长大、衰老甚至死去的情形,是的,孩子也在认真地过着自己的人生。

对儿童哲学有所怀疑的人,请一定试试与孩子进行一次哲学对话。即使人与人的空间距离很近,旁观对话与亲身参与对话,在心理层面上也有着天壤之别。如果只是冷眼旁观,断然无法理解哲学对话的精彩之处,也无法理解孩子思考的状态。对于各位读者来说,亲身参与已经广泛开展的实践活动,才是理解哲学对话的捷径。想快速了解儿童哲学的读者,推荐您观看一部纪录电影——《小小哲学家》(由让－皮埃尔·裴居等监制、导演),2011年日本上映了这部影片,按照纪录电影来说,这部电影的票房还不错,现在还出了DVD。

这部电影是对法国赛纳地区的杰克普莱威尔幼儿园教师与3～5岁的孩子两年间进行哲学对话的记录。该幼儿园位于法国所谓的"教育优先地区",也就是社会和经济层面上的弱势群体所居住的地区,也是移民群体的聚居区。区内的学校接受法国政府在财政和教师人手方面的支援。班主任帕斯卡里努老师与该区的孩子一起思考关于贫富差距和人种的问题,比如:"什么是爱?""什么是智慧?""什么样的状态才能称之为自由?"等。孩子可以很敏锐地观察世界,并与小伙伴们一起进行深度思考。细心观看每一个镜头,就会发现孩子们的见解都是相互激发与呼应的。摄制组在幼儿园里跟拍了两年,见证了孩子的变化与成长,以及孩子给教师和家庭带来的影响。孩子在家里也开始与父母讨论哲学问题,而父母为了跟上孩子的步伐,也开始思考哲学命题。这部纪录片就是幼儿园的孩子也能研习哲学的最好佐证。

  本书旨在推行这样的教育。本书的前半部分为理论篇，主要论述儿童哲学的实践意图，以及儿童教育在哪些层面上需要哲学对话；后半部分则为实践篇，介绍在学校如何进行儿童哲学实践、有哪些注意事项与方法、如何选择教材等具体的实操事宜。笔者衷心期盼对儿童哲学感兴趣的各位读者都能身体力行地实践儿童哲学对话，在促进儿童成长的同时，成年人自身也会意识到哲学思考的乐趣和重要性。

目　录

关于本书
译者序
前　言　培养独立思考、勇于表达的孩子

第一部分
激发孩子的内在潜力
营造出让孩子去聆听、去思考、
去对话的环境

把孩子当成一个独立的人	006
用自己的语言表达	018
学会与背景各异的朋友对话	025
培养孩子与世界对话的能力	043
批判性思维、创造性思维与关怀性思维	055
学会聆听	065

第二部分
培养孩子的对话能力
大人也要和孩子一起思考

首先要营造出轻松的氛围	082
如何决定命题和规则	091
孩子沉默不言时怎么办	104
引导孩子继续对话的方法	109
敢于进行自由对话	123
帮孩子进步的评价方式	128
将对话导入各学科中	138
家 庭 篇　父母与孩子之间、孩子与孩子之间的对话方法	168
烦 恼 篇　对话不顺畅时的应对方法	175
参考文献	180
后　记	184

与孩子
开启
哲学对话

第一部分 激发孩子的内在潜力

营造出让孩子去聆听、去思考、去对话的环境

孩子经常无法顺畅地表达自己的意见,在学校里经历的有趣的事情和体验,也只能写出"很有意思"这么一句简单的感想。

有时还会不停地重复自己的要求,而不去听取别人的意见。

大人苦恼于不知道如何让孩子说出自己的想法,想让孩子学会去思考、去聆听、去对话,儿童哲学就派上用场了。

第一部分 激发孩子的内在潜力

把孩子当成一个独立的人

摒弃成年人的偏见

主张让孩子研习哲学之前,我们不妨先思考一下到底什么是哲学。

说起哲学,读者想必都能罗列出一长串哲学家的名字:以苏格拉底、柏拉图等为代表的古代哲学家;以笛卡尔、洛克、康德等为代表的近代哲学家;以福柯、哈贝马斯、桑德尔等为代表的现代哲学家,这些名字也许大家并不陌生。或许有人还会认为哲学不仅诞生于西方,并列举出来自印度、中国和日本哲学家的名字。

哲学与非哲学领域的界限并不十分清晰明确。著名物理学家牛顿当年就曾被称为"自然哲学家"。小说、戏曲、诗歌等文学作品中都蕴含着很多哲学思考。古代有孔子,近现代有圣雄甘地,他们既是政治家，也是哲学家。很多经营者也会基于哲学思维去经营他们的企业。这样看来，哲学与非哲学领域的界限就变得很模糊，定义哲学比定义其他学问更为困难。思考什么是哲学，这本身就是一个哲学问题。

然而不言自明的是，哲学就是探究真理的学问。我们每个人都有很多主观臆断，这些主观臆断可能存在谬误或者并不完全正确，但是我们有时候根本认识不到自己有偏见。哲学就是让我们摒弃偏见，去热爱和探究真理。哲学的本质在于探究，而不仅是掌握知识。我们自认为正确的知识，很多时候往往是错误的主观臆断。发现自己以往坚信的事情其实是错误的，于是果断放弃，也许这才是哲学的态度。

那么，我们应该如何去探究真理呢？调查事实是其中一种方法，然而我们所要探究的很多问题只靠调查事实未必能解决。或者说哲学问题恰恰指的就是仅靠调查所无法解决的问题。举两个例子，"日本冲绳的那霸市有没有在下雨？"或"日本的北海道沿岸是否曾经有长颈龙栖息？"无论确定这些事实有多么简单或者有多么困难，这些都不能称之为哲学问题。

没有唯一的答案

笔者在日本的小学开展哲学对话教学时，问孩子是否知道"哲学"这个词，最后发现其实很多孩子还是知道的。当进一步追问什么是哲学时，有很多孩子回答"哲学就是去思考没有答案的问题"。其实不是都没有答案，而是无法轻易获得唯一答案。有一些经典的哲学问题已经困扰了人类很多个世纪，还是找不到大家都认可的完美答案，比如"什么是正义？""如何做出正确的道德判断？""人类有能力认知世间万物吗？""所谓的无限真实存在吗？""美在人的心里吗？""心和脑是一回事吗？"

那么为什么无法轻易获得答案呢？原因有很多，而笔者认为有很多问题本身其实就是错误的。比如"北极再往北有什么？"就是一个根本不可能有答案的错误问题。再比如，诸如"为什么世界存在而非虚无？""人生到底有没有意义？"也同样是错误的问题。有人认为错误的问题就应该被纠正，也有人认为应该允许错误的问题存在，然而无论如何，错误的问题肯定是得不出答案的。而哲学则可以帮我们找出这些得不出答案的问题。

话虽如此，笔者认为哲学问题之所以没有唯一答案，是因为人们的立场各不相同，而每个人的见解似乎又都有那么点道理。笔者在日本的学校进行哲学对话教学实践时，学生的答案也都是五花八门。比如让学生思考"正义""道德""人生""心灵"等词汇究竟蕴含着什么意义时，大家的看法就很难一致。

经验会转化为"思考力"

我们每天都会获得很多经验。在周而复始的日常生活中，时间在不经意间流逝，甚至不会在我们的记忆中留下印迹。我们有时也会去体验新事物，获得前所未有的或倍感意外的经验。所谓经验，顾名思义，就是走出去，动起来，去探索，去尝试，换言之，就是去接触不同的事物或新事物。英语的"experience"也正是此意。（前缀"ex"意为"外"或"出"，词根"perien"意为尝试，"ex +perience"意为经验是尝试出来的。——译者注）由此可见，经验就是接触不同的事物或新事物并为之感到惊讶。

新的经验会促使我们去思考。在惊讶之余，我们会想"怎么会这样呢？""原因是什么呢？"然后去反省"我以前为什么会理所当然地那样认为呢？""是否应该重新审视以前的自己呢？"。经验在本质上以问题的形式出现在我们面前，我们为了回答这个问题而不得不去思考。**因此笔者认为，思考就是把看似不相关联的两个独立的经验串联到一起，或者说为二者寻求关联性。**

当我们获得了新的经验时，早已厌倦的日常风景也会突然变得充满新鲜感，比如经历了在外国如何打招呼，在惊叹之余也会不禁思考"打招呼的意义是什么呢？""自己以前打招呼的方式是怎样形成的呢？"换言之，经验是带着问题而来的。**获得新经验的同时，就会将自己以往认为理所当然的事物置于一个新的关联之中，并赋予其不同于以往的新含义。**到异国他乡旅行之后再回到自己的故乡，自家附近的风景都会显得别有一番风味。从已经习惯的地方走出去，并将新地点与老地点建立关联，这样就会产生思考。

将经验与经验串联起来

所谓哲学，就是将各种经验串联起来所产生的思考本身。笔者比较认同的一种说法是，哲学原本就是将思考名词化所产生的词汇。将多种多样的经验串联到一起绝非易事，经验之间看似有所关联，然而大家却经常不知该如何正确地去进行关联。比如笔者视力正常，正在走夜路时，一个盲人拄着拐杖从后面走过来，健步如飞，而笔者却因为没注意到脚下的台阶差点摔倒。在走夜路时，视力正常的笔者反倒不占优势。这次新经验促使笔者思考什么是残疾，"残疾人"这个词以往都会脱口而出，然而残疾究竟在何种场景下会造成哪些不便，笔者却从未认真想过。而且在特定情况下，笔者也可能像残疾人一样感觉到不便。这不禁让笔者去思考"残疾人的定义究竟是什么"。**获得新经验的同时，引发思考的谜团也会随之而来。**如果笔者有机会与那个拄拐杖的人谈一谈，肯定还会有更深刻的思考和感悟。

从与别人的谈话中获得启发

每个人的经验都不尽相同。了解别人经验的重要方法就是与别人进行谈话。诚然，其中也包括打招呼之类没有实际意义的交谈。互相熟悉之后，别人就会说出自己的经验和想法。这里的谈话是指，在没有任何隐藏目的的情况下进行谈话，如果某一方试图诱导、操纵、命令或控制对方，则不能称之为谈话。当我们带着特定目的去与别人进行对话时，另一方会被视为自己的行为的对象，而非与自己对等的谈话者。谈话的目的应该就是谈话本身才对。

谈话中可能包含自己从未接触过或从未想过的新事物，这样的谈话会发展成为对话。对话不同于谈话。**所谓对话就是，开始于惊讶，并在探究与思考中所进行的谈话**。比如"为什么会因某事而感觉痛苦自责？""为什么当时会那样想？""又为什么会那样做呢？"我们会为对方的经验及与其相关联的行为或思维而感到惊讶，并对此提出问题，进而尝试继续与对方交谈，以明确自己与对方的区别。别人的经验，正是自己寻找思考题材的宝库。

下文就是以"人死后会怎样"为主题，教师与初中一年级学生所进行的对话。

T（教师）：怕死的人请举手（过半数的人举起了手）。那好，怕死的人请更详细地说说理由。

S（学生）1：不知自己未来会怎样，走在路上可能会突然被撞死，也可能会在住院时被告知还能活几个月，总之最害怕的是未来的不确定性。

T：原来如此，同意这位同学看法的人请举手（没有人举手）。

T：谁还有不同的意见？请说说。

S2：我比较害怕的是再也见不到生前的身边人了。听说人死了都会去天堂，也可能会在天堂再相见吧？

T：原来如此，那么这位同学是害怕离别了。有人害怕不确定性，有人害怕离别。

S3：都说活着就有见面的机会，但是有些人虽然活着也很难再次相见，一想到死了就再也见不到了，我就感到莫名惆怅，这才是我最讨厌的吧。

T：嗯，所以这位同学会为别人的死而感到悲伤和恐惧，而不是害怕自己会死。还有其他同学要进行类似的发言吗？会不会害怕有一天自己会变成"虚无"？

S4："虚无"当然可怕。

T：为什么害怕"虚无"呢？

S5：害怕变成"虚无"之后连什么都没有了，也不知道自己变成"虚无"时会是怎样的一种体验。

S6：想到"虚无"会很害怕，但是真到自己变成"虚无"的时候，可能连想的机会都没有了，思考本身会随之停止。

S7：我最害怕的是，之前那些理所当然的事情也都不能再继续做了。

S8：也没有一种概念说死了就什么也不能做吧？

S9：那只有死过以后才能知道吧？

S10：我想说的是，"虚无"真的就是什么都没有吗？这里不是有一个房间在吗？大家都看得到，但是假设"虚无"也在这里，谁也看不见啊。

S11：我认为"虚无"并不存在，人死了哪儿也不会去，当然也不会去所谓的"虚无之境"，死了就是死了，被埋葬之后就消失了。

T：原来如此，所以死亡就是虚无，虚无就是什么都没有？

上文中的讨论开始于"怕死是因为不确定性"的发言，经过了"害怕不能再见到身边人"的发言，最后发展到讨论死亡与虚无（值得注意的是，所有的发言都是来自不同的学生）。第一位学生的发言可以理解是对死亡和未知的恐惧，之后的发言也是殊途同归——"死亡就是变成虚无，最害怕的是不知虚无是怎样的一种体验"。这两位同学惧怕的都是"未可知"。对此有人说虚无并不存在，自己死了就是消失了而已。然而值得注意的是，10号同学和11号同学的主张看似类似，却有着微妙的区别。10号同学认为"虚无不可见"，其实是在某种意义上将"虚无"实体化了，对此11号同学指出虚无只是对生的否定，而不是一种实体，认为人死后经验和思考也都会停止，存在本身也会随之消失。11号同学认为人死了哪儿也不会去，当然也不会去所谓的"虚无之境"，死了就是死了。前半段的"惧怕离别"与后半段关于"虚无"的讨论，其实并不是完全没有关联的。那些主张"自己不怕死，但是怕别人死，因为不想经历离别"的同学，他们认为死既是虚无，也是对生的否定，而这种否定是只有活人才能体验得到的。正是这位同学的发言引出了之后以"虚无"为主题的讨论。

如上所见，孩子会在相互发言的刺激下，去进行更加深入的思考，并从对话中深挖出对于死亡的两种互为对立的理解：有人认为人死后仍会继续获得经验（天堂、来世等），还有人认为死只是生的否定而已。

在古希腊，阿格拉既是市场也是广场，人们在阿格拉讨论问题，而希腊哲学正是开始于这样的公开问答。柏拉图在其著作中生动地描写了当时的对话内容，人们探讨正义、自由、友爱、平等之类的市民共同关心而又与每个人密不可分的话题。人们在阿格拉聚餐，一边喝酒一边讨论问题。哲学原本就是在市民的自由对话中所产生的对真知的探究。对话就是被别人所触动而产生思考的互动，自古以来人们就很重视对话对于思考的激发。

对话引发思考

儿童哲学就是一种通过与儿童对话加深其思考的活动。各位读者在听到"哲学"一词时首先会想到学院派哲学，学院派哲学与儿童哲学究竟有何区别，笔者在下面的图表中作了对比。"三人行必有我师焉"正是对哲学对话的完美诠释。哲学对话的泰山北斗、纽约市立大学的娄·马里诺夫（Lou Marinoff），以不精通哲学史的十位普通的市民为对象，进行了为时四小时的关于"友情"的哲学对话。据说该次讨论中所产生的对于"友情"的定义，比古今东西任何一位著名哲学家的定义都要来得精辟而有深度。对于实践哲学对话的人来说，这是一个典型的案例。

从学院派哲学与儿童哲学的对比看儿童哲学的特点

儿童哲学		学院派哲学
哲学是一个过程	⇔	哲学是一种知识体系
哲学就是发问	⇔	哲学就是掌握学说
哲学是属于每个人的	⇔	哲学是属于少数精英和知识分子的
哲学命题来自于具体的生活	⇔	哲学命题来自于抽象的理论
与不同的人进行对话	⇔	自己一个人读书思考
遵循自己独有的人生哲学去生活	⇔	追求达到先贤的思想境界

作为"一个独立的个体"去思考

上文中叙述了思考与对话的本质性关系。思考来自于发现新事物时的惊讶体验，而与别人相遇是尤其重要的一种经验。人们也会从心理学的层面上去研究什么是思考，有很多人主张思考其实就是自己与自己进行对话，换言之，就是内化对话，笔者也认同这一观点。

对话也分很多种，那么普通对话与哲学对话究竟有何区别呢？笔者认为哲学对话的特点是让人作为一个独立的个体去进行对话。人总要处于各种各样的角色和情境之下，比如一个女人可能是别人的女儿，别人的姐姐，别人的母亲，同时又是别人的朋友或邻居。她可能毕业于某所学校，现在从事着某种工作，并因那份工作而拥有相应的社会地位和立场。她肯定会住在某一个地区，并归属于那个地区的小圈子。

我们可能会基于自己的职责，站在自己的立场上去进行对话，比如站在家长的立场上与孩子的老师进行对话，或者作为公司的一员，围绕产品开发的问题，与同事或上下级进行激烈的讨论（笔者在某种程度上将"讨论"定义为有理有据地轮流发言，因此讨论也是一种对话。）。

然而哲学对话不会一一去追究谁是做什么职业的，家里都有什么人。只要来到"广场"上，谁都有说话的权利。换言之，哲学对话无关现实所赋予人们的立场和属性，而只是让人作为一个独立的个体去与其他人进行对话，共同探寻真理。

当每个人都成为独立的个体时，男女老幼、何种职业、贫穷富有就变得不再重要，而关键在于其对探究真理是否有贡献。"是男人，是公司职员，信仰某种宗教"这些都是我们作为个体的特征，诚然，我们在讲话时并不能完全无视这些特征，但也没有必要刻意这样做。在哲学对话中，我们其实也可以站在自己的立场上去进行阐述，只要别人说得有道理就要接受，也要向别人解释说明自己的主张有何依据。然而，在描述这些"道理"和"依据"时，不能以自己的社会立场或工作职责为前提，避免让对方感到匪夷所思，必须注意用恰当的描述方式使对方也能理解，笔者认为，作为一个独立的个体去与别人进行对话，并共同思考，其深意就在于此。

无论是儿童之间的哲学对话，还是儿童与成年人之间的哲学对话，都是在参加探究真理的活动，这种难度对于成年人来说并不比儿童低。**哲学对话其实与年龄无关。**

笔者切身感受到，成年人往往很难真正脱离自己的社会地位和立场去与别人进行对话。很多成年人只要被批评就会冲动地反驳，坚信自己是正确的，或者一旦被质疑，就暗自哑火，缄口不言，或者因为害怕自己说错了有失体面而惧怕发言，其人格可谓既顽固又脆弱。听别人讲话，本质上是让自己前往一个全新的未知场景，与是否同意对方的意见无关。也许成年人已经丧失了体验和学习的能力,因此也就无法静心聆听别人说话,从未跳出自己的立场和"一亩三分地"的人则更为甚之。有人认为哲学反倒更适合儿童,对此笔者其实也不敢完全苟同,不过笔者也同样认为,或许儿童"跳出自己小圈子"的愿望的确比大人更强烈,或许儿童比大人更容易表现得像一个独立的个体。

用自己的语言表达

儿童其实喜欢对话

如上文所述,本书中讲到的儿童哲学其实就是与儿童一起进行的对话型哲学探究。

那么为什么要让儿童研习与实践哲学呢?儿童哲学又为何会风靡全球呢?

儿童哲学教育之所以重要,原因有两点:一是当前的全球环境,二是孩子自身的需要。

以上这两点,分别是外在原因和内在原因。

以笔者自身来说,之所以致力于向全球推广儿童哲学,是因为儿童哲学无论对于孩子还是成年人都是一种寓教于乐的智力活动。

笔者在学校进行儿童哲学授课时发现，尽管学生们对于具体的主题各有好恶，整体效果还都是很理想的。课后的感想大多是"很有趣""提供了思考的契机""课还没上够"，其他科目可没有这样的效果，这并不意外，与小孩子有过接触的人，都知道孩子的疑问和提问多么具有哲学性，多么接近问题的本质。换言之，在追求有趣这一点上，成年人和孩子其实都需要儿童哲学。

满足好奇心

儿童哲学为什么如此有趣呢？首先是因为哲学命题都很有趣，其次是因为对话本身也很有趣。以上这两点都是现代社会迫切需要却又稀缺的。哲学命题会引导我们去解开更深的谜团，满足求知欲。直觉告诉我们很多问题不会有明确的答案，却又不知不觉陷入沉思，这就是哲学命题的乐趣所在，它深深植根于人类的好奇心。"好奇心"这个词可能看起来没有那么高大上，然而好奇和惊讶才是产生思考的源泉，因此绝不能轻视好奇心的作用。哲学命题中其实也包括了社会问题和道德问题。我们可以某件事情为契机，对于社会的理想形态、人类的行为模式或社会规则的合理性进行思考与质疑。关于这些主题，我们都会在意，并希望可以了解别人的想法。

总之，能引发深度思考的命题，往往来自于特异、新奇或矛盾的经验或见闻。夸张地说，当我们司空见惯的世界出现了一条大裂缝时，又或者神秘物体出现在我们的面前时，我们才会去思考哲学命题。我们会觉得这个谜团与周围所有事物相关，会涉及自己的全部生活。这个谜团可能像一本好的推理小说或象棋高手的对弈一样扣人心弦，也可能是关乎人的生命或世界和平的深刻问题，总之不解开这个谜团就会坐立不安。

促进思考

我们中的大多数人都曾经遇到过上文提到的谜团，却又不求甚解，不去更深入地探究。我们倾向于认为：找不到答案，思考也是白费；涉及面太广，难以理出头绪；与自己的学习和工作没有直接关系，无暇去思考；即使去思考关于人生和社会的问题，仅靠一己之力也无济于事……这些都是我们逃避回日常生活舒适区的借口。明明有了新的发现和惊奇，我们却放弃思考，沉迷于早已习惯的例行公事中，试图将新事物遗忘。

如上文所述，所谓思考就是让不同的事物产生关联。然而当接触到存在较大差异的事物时，我们在被新奇与谜团所吸引的同时，也会倾向于放弃思考新事物，而退回原有的舒适区去思考那些原本就比较容易建立关联的问题。我们就这样把自己所生活的世界变成一大堆毫无关联的碎片，让自己的圈子越变越小。**将自己的生活锁定在与这个世界的其他部分毫无关联的一隅中，在某种程度上会更容易生存，但又很难让人找到人生的意义。**所谓意义就是关联性，而碎片化会导致失去关联性。如果说思考的本质在于建立关联，那也就是一种赋予意义的活动。如果放弃思考，即意味着放弃给事物建立关联,不再去思考其意义。

生活在现代社会的我们每天都疲于奔命,无暇认真思考自己的人生、社会的理想形态或人的生活方式,而孩子也一样奔走于学校和补习班之间。孩子的人际关系其实与成年人一样复杂,需要耗时费力去进行打理,也就没有时间与小伙伴们一起去探讨深度宏观的问题,即使学校也不能免俗。成年人和孩子都在忙碌地过着碎片化的生活,时而会突然感觉自己的人生似乎没有意义,怅然若失。

思考并讨论各类命题的方法

当下我们有很多不得不去认真思考的命题,关于未来、环境、家庭、自身、死亡、科学、政治、金钱、审美,又或者如何获得幸福,这些问题往往错综复杂,无法归纳进某一个学科类别的框架中。比如环境问题,不仅涉及自然环境学和生态学等科学领域,还关乎自然与人类的关系,这就难免会牵扯到文学、伦理学、艺术等领域,而如何保护环境,又与政治、经济、法律等密不可分。

而且哲学问题不仅关乎特定社会中的特定人群,更关乎全人类。解决环境问题,不能只靠环保学者和环保行政人员,我们每个人都必须去思考环境问题,并付诸行动,比如,每个家庭都节约用电,就可以减少二氧化碳等温室气体的排放。笔者在上文中提到"哲学就是作为一个独立的个体去思考",意义正在于此。自己平时感到有疑问却又苦寻不到答案的重要问题,都可以通过哲学对话去获得与别人交流的机会，博采众长，集思广益。

很多问题仅靠知识和经验无法回答

儿童哲学之所以有趣，还因为对话本身就很有趣。究竟什么是对话，又为何如此有趣呢？

我们每天都会进行谈话，而对话就是一种特殊的谈话。蕴含思考或探究真理的谈话，都可以称之为对话。在日常生活中，我们经常会与别人讨论达成某种目的的方法。比如：如何宣传才能让某款产品大卖？如何学习才能考上某所大学？要找到更好的方法，就要仰仗知识和经验。有何宣传方法，其效果如何，这些都需要应用关于宣传和广告的知识，相关的工作经验也会有所帮助。

然而，对话仅靠知识和经验还远远不够。想必大多数读者从未有机会去讨论我们日常活动的终极目的和价值。比如：销售某款产品的终极目的是什么？我们为了什么而工作？要回答这些问题，宣传和广告的相关知识就很难派上用场。说起经营企业的目的，似乎已经有了标准答案——追求利润最大化，但是我们不妨再仔细看看很多公司的章程，想必会写有"通过某种社会贡献为企业创造利润"之类的字眼。什么是"社会贡献"呢？我们要致力贡献的"社会"又是什么？"贡献"有何含义？这些关于价值和目的的问题，仅靠知识和经验就很难回答。**所谓探究，并非一定要前往特定的"目的地"，而是在有理有据的讨论的指引下，**

前往全新的未知领域中冒险。如果学校教育能提供这样的智力冒险机会，就能培养出富有创造力的人。

与众不同的"独到见解"

对话之所以有趣，是因为其不以讨论的优劣或知识的多少去定胜负。谁都可以作为一个独立的个体去参与对话。这并不需要专业知识，只要站在自己的观点立场上有理有据地去进行讨论即可。大家一起去思考问题，并为各种事物寻找关联。根据笔者在日本学校实践哲学对话的经验，发现很多平时不爱说话的学生也会有极富洞察力的发言，这样，孩子也会接触到小伙伴们不同凡响的一面。

平时的课堂会要求孩子去寻找唯一的正确答案，而哲学对话则是要求孩子诚实直率地去表达自己的想法。在畅所欲言、各自表达观点的过程中，新的思路自然就会迸发出来。哲学对话需要能引发和促进思考的见解，因此欢迎表达与众不同的、前所未有的全新见解。听取不同的观点，本身就是一种引发自身思考的体验，因为我们会在不经意间尝试将所听到的新观点与自己原有的观点建立关联。

哲学对话呼唤的是别出心裁的新思路，而非千篇一律的"正确答案"。然而也不必强求不同，人都是从自己的角度出发去思考事物，只要坦率地发言，就必然会产生不同的见解。如果着眼于角度和含义的差异，就会发现没有哪两种思路是完全一样的，这不同于追求唯一答案的传统学校教育。以下是笔者参与授课的哲学对话课堂的课后感想——"思想碰撞出火花，感觉很有趣""很高兴能听到不一样的见解""没想到朋友原来是那样想的""感觉看到了朋友不一样的一面"。人倾向于追求多样性和差异化，如果每个人都一模一样，作为个人的存在就失去了价值。比起大批量生产的流水线产品，我们更愿意去珍惜独一无二的美术品，这恰恰是因为美术品具有个性。观赏美术品，就是发现其创作者的生命中所散发的个性，与人脸一样独一无二。

放弃单打独斗，培养与别人共同生存的能力

然而对话也不仅仅是交换意见而已。**对话的精髓在于，为相同命题的不同见解建立关联**。当别人提出见解时，如果不提问，也不表述己方见解，而只是敷衍地答复一句"哦，原来你是这样想的"，也不能称其为对话，这样等于是在各说各话，没有建立起任何的关联性，说者和听者也并没有为了解决谜团而共同思考和探究。**被对方的意见所触动，并一起去探寻某个问题，才能称其为对话，换言之就是共赴以"讨论"为名的冒险之旅**。对方的见解为何与自己不同，其背后又有着什么样的经验作为支撑，双方的见解有何相同点和不同点，又有何关联性，不去理解这些，对话就无从成立。

如上所述，既能彰显自己的个性，进行自我表达，同时又能与别人合作，共同探究某一个主题，共赴寻求真理之旅。兼顾自我表达与协同合作，这才是对话的乐趣所在。

学会与背景各异的朋友对话

愿意随时与任何人对话

哲学对话也是一种沟通。当今的日本比以往更需要沟通能力。

究竟什么是沟通能力？又为何在今天尤其需要呢？

首先是因为，今天的人们已经不再绝对服从于权威，要管理人，就需要有理有据地进行解释说明和因势利导。

比如，在笔者的小学时代，小学教师都是高学历群体，家长也会无条件地服从教师的权威。然而今天，半数以上的家长受过高等教育，在教育方面的知识和信息也很丰富，无条件服从于教师权威的时代已经一去不复返。对于教师的教学方式和接触孩子的方式，家长也不会再去盲目地认可和接受。

所谓权威，就是一种让人们自发地去认可或服从的关系。拥有权威的曾经是血缘或地缘中的长者、高社会阶层的人，或宗教文化的权威人士。然而这些人的权威只局限在脉络相通的小圈子里。如果一个人不是某宗教的信徒，自然就无须服从某宗教的权威。在现代社会里，不同阶层、五湖四海的人们有着不同的成长背景和人生经历。正因为大家各不相同，才会出现困惑，有时甚至出现对立。即使如此，我们仍必须与多元化背景的人们共同去建设社会，利用相同的社会资源，有条不紊地参与到各自的社会活动中。如果一个人不认为自己和别人一样是社会的一员，那么他就会在心理上产生疏远感，不会产生为社会做贡献的意愿。

现代社会的权威，来源于人们所公认的（或约定成俗的）事实。要获得人们的公认，就需要提供能使人们心悦诚服的合理依据，并经过人们的讨论去进行检验。另外，每个人自身的存在、言论和贡献也要获得社会的认可，切身感受到自己是社会不可或缺的一员，如果没有亲自参与到形成社会共识的过程中，也就不会去认真遵守社会所形成的共识。

现代社会所需要具备的沟通能力，正是在今天这个传统权威崩塌的社会里，使人们建立起关联从而形成共同体的人际交流能力。 在国际化的企业里，没有人会去盲目地追随日本的固有习惯，如果来自上司的命令太强硬，就会导致下属离心离德。做事的理由和方法，都需要在员工之间达成共识。只有让员工参与到讨论中，加强员工的主人翁意识，才能有效地管理组织。共同探讨问题、创造性地解决问题，并建立让大家都能融入社会的人际关系，都离不开沟通能力。

紧跟社会的变化，与时俱进

读到这里，大家应该已经意识到，现代社会正在呼唤着哲学对话。在越来越多元化的当今社会里，充斥着各种不一样的或全新的体验，这会让自己之前的固有观念被动摇，并触发思考，与别人进行对话的愿望也会随之变得更加强烈，但如果不去讨论其背后的根本性问题，就很难让人们产生共识。即使在讨论中发现思维理念有天壤之别，对话也一样能让人们走到一起。哲学原本就是在广场或市场上的公开讨论，而现代社会整体就是这样一个各色人等汇聚一堂的场所，哲学对话能力也就变成一种迫切需要的沟通能力。具体来说，就是超越固有的社会立场和职责，不带有特定的目的，作为一个人去与对方坦诚相待的能力。

今天这样的社会也被称为"多元共生社会"。这里的"多元"，指的不仅是有很多来自其他地区或其他国家的人，在今天这个相对自由的社会里，人们也从事着比以往更为多元的社会活动，产生出丰富多彩的生活方式和价值观。移民或来自其他地区的移居者只是冰山一角，老年人、残疾人、疾病患者、特殊性取向人群等所面临的各种社会问题也在逐渐浮出水面。

而教育也必须与时俱进。笔者想向各位读者介绍一部法国剧情类电影《课堂风云》，这部电影讲述了在多元社会里，我们应该如何去开展教育。

所谓的全都是坏学生的学校其实并不坏

《课堂风云》在 2008 年的第 61 届戛纳国际电影节上荣获最高奖项金棕榈奖，是由弗朗索瓦·贝高多（François Bégaudeau）主演的作品 [日文版图书由秋山研吉翻译，日本早川书房于 2008 年出版，法语版原著名为《墙壁之间》（ Entre Les Murs ），由劳伦·冈泰（Laurent Cantet）执导改编成电影]。该影片看似是一部纪录片，其实是剧情类电影。片中的学生也都是由演员扮演的，其演技可谓出神入化，加之由贝高多本人出演教师一角，使得该片极具观赏价值。

贝高多一开始在法国南特（Nantes）担任教师，后来被委派到移民较多的巴黎 19 区（片中改称 20 区）担任法语教师。班级里有一半的学生都是移民子女。影片以平淡的叙事视角描写了实际的授课情形，既没有起伏跌宕的剧情，也没有催人泪下的结尾，却并不影响其成为一部杰作。

主人公就任教师的班级，刚开始是一片混乱的状态，学生们没有学习意愿，窃窃私语，行为叛逆，老师一说什么他们就跷起二郎腿，阻碍正常授课。已经是高中二三年级的学生了，却还是不会法语的动词词尾变化规律。贝高多一开始绞尽脑汁地尝试让学生们记住法语语法，然而学生们却并不买账，后来他慢慢发现了学生们背后的复杂家庭环境、家庭教育的缺失以及贫困等问题，最后他意识到眼前的教室无疑是法国移民接收问题的一个缩影。

尽管是电影，观众们一开始还是会为学生们的不争气而愤慨。有的教师甚至隔着屏幕都变得情绪高昂。但是请各位仔细想想看，法语动词的词尾变化其实是一种书面用语，与实际的发音并不能一一对应。学生们讽刺精英阶层为了划清与平民的界限才发明这样的词尾拼写方式，也是情有可原的。学生们的父母作为移民，也未必会写法语，电影中就有一位孩子说："我的父母不会写法语词尾，但是也一样生活啊。"

有的移民原本就是从不使用文字的国家或地区来到法国，他们的孩子出生在法国，对于法国传统文化能接受和尊重到何种程度呢？电影中教师在黑板上写下"比尔总是会吃美味的食物"的例句，非洲和阿拉伯裔的学生反驳道："为什么总是用'比尔'之类白人的名字呢？"女学生甚至抗议例句中没有女性移民的名字，认为自己被法国社会遗忘了。

站在学生的立场上，无论是文学还是历史，教科书中都充斥着与他们的祖先毫无关系的法国贵族、骑士或政治家。记住这些有什么用呢？这难道不是在赞美殖民者，贬损自己和自己的祖先吗？在法国的移民之所以会说法语，是因为法国曾经在非洲、阿拉伯地区和亚洲有殖民地。自己的祖辈已经忍受了殖民统治，自己今天还要被迫学习和接受这些歧视者的文化吗？学生们对于不公平和不平等极为敏感，学生们的反抗态度和无能为力的背后，有着这样的历史和政治背景。

贝高多放弃了让学生们在法语课上记住语法，他先让学生们读《安妮的日记》，又让学生们写关于自己的性格和生活的自我介绍。《安妮的日记》的作者是德籍犹太裔少女安妮·弗兰克，日记中描写的是她在第二次世界大战期间，为逃离纳粹的迫害而潜伏在荷兰阿姆斯特丹的生活经历。安妮与电影中的孩子们是同龄人，后来因为他人告密而被关进强制收容所，最终没能生还。

影片中的学生们一开始很害怕暴露自己，有的学生拒绝写自我介绍，然而他们慢慢敞开了心扉，开始表达自己的好恶，内容逐渐从简单变得详细，也开始吐露自己的真实情感，并提及自己的家庭问题。他们自我介绍的表达形式也变得丰富起来，开始使用照片和图画。尽管这个班级经历了诸多的波折，在一年后，学生们的自我介绍足有一本书那么厚了，而学生们对于贝高多老师的信赖也变得厚重起来，班级内已经产生了某种联结感。

这位教师所做的全新的尝试，如果只用"自我表达的重要性"去概括，恐怕太过于草率。这里的自我表达是指，向别人和社会表达自己的存在并获得认可的一种活动，向社会传达自己的身份和状态并非简单的自我告白，同时也是在让别人认识到自己在社会中所处的状态。从《安妮的日记》中不难看出，自我表达也是对于社会架构的一种表达（安妮却没能在有生之年将自己的日记公之于世，最后公开安妮日记的是她的父亲，也是战后她家唯一的一位幸存者）。

"理解别人"其实很困难

笔者还想介绍另一部与《课堂风云》极为类似的美国电影《自由作家》(*Freedom Writers*,导演兼编剧:理查德·拉·格拉文斯,2007 年公映),改编自美国的一本以现实故事为蓝本的畅销书。这部电影也是以人种和文化较为复杂的高中为背景,而剧中学生们的处境比《课堂风云》更为残酷。

剧中的高中位于黑社会控制下的贫民区,学生们完全没有学习的意愿,态度极为冷淡且叛逆,对于教师和成年人的不信任感也根深蒂固,而教师们也已经基本上放弃了教育。剧中新来的英语教师,起初试图教学生们研习古典作品,可过程让他很痛苦。

这位教师最终找到了与贝高多一样的改变学生的方法——鼓励学生用自己的语言去表达。他让学生们每天坚持写日记,内容可以包罗万象,例如关于自己的日常生活、思考、情感、诗歌等。他们约好不打分,如果希望老师仔细读,可以放在一个特别设置的书架上。结果,在被放在书架上的日记里,学生们都在向老师诉说着他们贫穷残酷的日常生活和痛苦的内心世界。教师通过日记了解了他的学生,而学生们也开始敞开心扉去信任教师,并努力抓住一切机会脱离自甘堕落的生活。

耐人寻味的是,作为促进自我表达的契机,安妮·弗兰克的日记也在这部电影中登场。最后,学生们用自己赚来的钱,邀请了化名为安妮·弗兰克的西斯夫人来学校做演讲，学生们获得了人生中最重要的一次指导。课程结束后，学生们恢复了对社会的信赖。

接受不信任感和疏远感

在以上这两部电影里所描写的学校中，人种和文化都极为多样化。多样化是法国和美国的特色，所以这与日本无关吗？也不尽然。据笔者所知，在日本的东京和神奈川等地区，民族和文化的多样性已经与电影中并无差异。有很多学校甚至父母都是日本人的孩子已经变成了少数派。也许有人会说，电影里描写的都是大城市，与同质性较高的日本地方城市的现实相去甚远。对此笔者也不敢苟同。

两部电影中的学生们所面临的问题，从根本上并非来自于多样性，而是来自于对社会的不信任以及被社会疏远的感觉。歧视和贫穷造成不信任感、疏远感和闭塞感，并因此导致对他人和社会失去关心，这才是问题的根源。现在住在日本大城市里的人们，原本也是来自地方小城市的"移民"，这些"移民"们所面临的不信任感和疏远感已经得到彻底的化解了吗？"移民"们至今仍无法在公共空间中找到自己的位置，对陌生人和社会事件采取"事不关己，高高挂起"的旁观者态度。

那么日本的地方城市又是什么情况呢？地方城市整体感很强，所以不信任感、疏远感和闭塞感就不会蔓延了吗？笔者并不这样认为。很多同质性较高的地区都在面临着严重的人口流失。如果不能敞开心扉去接纳背景各异的人，今后很多地区都将面临从地图上消失的危险。在现代社会里，没有真正的对话，区域社会本身就很难成立。通过对话实践去寻求真正的区域社会连带性，想必读者们也有所耳闻。比如桑子敏雄先生以"谈义"的形式去促进达成社会共识的尝试，就是一个很具代表性的例子。

与原本无关的陌生人建立关系

这两部电影告诉我们，生活在现代社会的我们已经无法默认享受共同体的存在，如果以存在文化和价值相通的共同体为前提，就无法思考或做事。现代社会已经很难做到让所有人的文化价值全都趋同。在当今的多元化社会里，已经无法去规定什么是共通的文化价值，甚至如电影中所见，连主流文化是否有学习价值都已经开始受到质疑。如果孩子发自内心地认为没有学习价值，就不会去认真学习。

生活在现代社会的孩子应该掌握的能力是，与不同文化价值的人去进行沟通，携手去建设和谐共生的社会。人际关系不再是拓展原有的圈子，而是与原本无关的陌生人建立关系，换言之，需要具备从零开始构建共同体的能力。而现代的沟通教育正应该致力于培养这样的能力，这同时也是建设社会所必需的公民教育的一环。

认识到自己是社会的一员

冷战结束后的20世纪80年代中期，各发达国家都弥漫着不关心政治的气氛。选举的投票率越来越低，人们对政治和社会感到失望，进而表现出冷淡的态度。与其他发达国家相比，日本尤为甚之，年轻人缺乏参与社会事务的意识为时已久。长此以往，民主主义将出现危机。为此有人主张应该对孩子开展公民教育。公民教育的宗旨是，掌握民主主义所必需的公民素养，理解作为社会一员的权利和义务。

公民应该具备的素质有：仗义执言的勇气、遵纪守法的精神、独立心、宽容精神、劳动意愿、应对经济和科技变化的能力、尊重他人权利的能力、提出合理要求的能力、评价公职人员工作水平的能力、积极参加公共讨论等。公民教育从20世纪80年代后期开始受到关注。

笔者认为，要维持人们互相尊重的民主主义社会的正常运转，上述这些素质都是不可或缺的，而公民主动参与社会活动的意识，正是这些素质的根基所在。没有参与意识，也就不会有遵纪守法的精神和劳动的意愿。电影中的学生们因为感到自己被社会疏远而摆出反抗和冷笑的态度，他们肯定不能在这样的状态下负责任地参与到社会活动中。还有另外一种人，认为社会的运行可以交给精英，自己只要服从权威和权力，像大多数人一样随波逐流地活着就好，这样的人只能算"臣民"，而非积极参与社会活动的公民。后一种人（臣民）表面上温顺，实则与前一种人（电影中的学生们）一样是民主主义的破坏者。因此笔者认为，公民教育的第一要义就是增进社会参与意识。

从发出自己的声音开始

这两部电影告诉我们,什么样的教育才能提升社会参与意识。那就是,向其他人、向社会表达出自己的声音,并接受来自其他人和社会的反馈。**看似反其道而行之,实则培养社会参与感的第一要义,恰恰在于在学会自我表达的同时,拿出聆听别人说话的态度。**换言之,就是学会在公共场合表达自己的必要性,并将其转变成公共课题的过程,同时也要发自内心地接受其他人完成此过程。两部电影中所描写的都是最难教育的学生如何敞开心扉,找回自己与班级的关联性,并重新回归社会的过程,这完美地诠释了自我表达有助于培养社会参与意识的反向推论。这里需要注意的是,在学生将自己的声音表达出来之后,他们还需要有一个愿意去倾听的老师。两位新任教师都给予了学生前所未有的自我表达的机会,并与学生共同创造了沟通的过程。公民教育就是要让公民参与到社会公共事务和政治之中,为此社会也需要拿出聆听年轻人说话的态度。只有年轻人的存在获得接受和认可,年轻人才能真正参与其中。

这两位教师的教学方法都很有借鉴意义。而笔者则认为,自我表达的下一步,恰恰是哲学对话。

我们在日本的儿童哲学实践团队,目前正在与夏威夷大学的托马斯·杰克逊(Thomas Jackson)教授进行密切的交流。杰克逊教授在儿童哲学领域中是一位杰出的实践家,他从20世纪80年代中期就开始尝试在小学开展哲学教育,目前以檀香山为中心,成功将哲学教育引入各类初等教育和中等教育的课堂上。

檀香山小学有一个教学科目就叫作"儿童哲学",笔者到访过的凯诺亚高中和艾维亚初中,也都在英语、历史等普通科目中引入了哲学对话的要素。进而,檀香山小学还提出了"哲学思考是让每个人都追求自己的人生目标,让世界充满正能量的坚实后盾"的理念,并长期聘用两名哲学家作为辅助教员参与到哲学对话的课堂中,为其他教师提供建议。杰克逊教授的得意弟子,荣获 2012 年度"Teacher of the Year"(年度最佳教师)大奖的查德·米勒(Chad Mille)就是其中的一位。凯诺亚高中正门的教育愿景这样写道:"凯诺亚高中的学生要努力追求自己的人生目标,为世界带来有价值的变化,为此要成为谨慎思考、有哲学思维的人"。

儿童哲学之所以能在夏威夷取得如此长足的发展,众所周知,因为夏威夷是一个多文化融合的地方。一些地区因各民族间贫富差距较大以及民族关系紧张而导致校园暴力横行,学校陷入荒废状态。杰克逊教授指出,很多夏威夷的学校在引入儿童哲学课程之后,开始针对现实问题进行认真的对话,情况也因此取得了较大的改善。那些所谓的坏学生,恰恰最迫切需要有人倾听自己所面临的问题,让自己的存在得到别人的认可。

表现出倾听的态度

在日本,以大阪大学为据点从事儿童哲学工作的本间直树和高桥绫两位教授提交了一份很有意义的报告(本间和高桥,2011

年）。报告中提到在某小学以"我们都是平等的吗？"为主题进行哲学对话授课时的情形，最开始孩子们分成两派，一派认为"有贫富差距就不会平等"，另一派则反驳"只要努力，谁都能成为有钱人"，在最后填写感想表时，有一位学生这样写道："对于后一派的反驳，我感到很愤怒，我来自单亲家庭，妈妈无论怎么努力也不会成为有钱人。我们甚至连饭都吃不饱。"在下一个课时中，这位平时不怎么发言的孩子开始主动拥护"有贫富差距就不会平等"一方的意见。教师反复确认"你确定要说吗？不想说可以不用说。"而孩子本人的确希望表达自己的想法。在后续课堂中，那个孩子并没有提到自己的家境，也没有表现出愤怒，而只是坚持自己一贯的主张"只靠个人努力不一定能摆脱贫穷"，并且也能接受其他孩子的反驳。

从孩子的角度出发，将自己的情况和必要性变成班级讨论的内容，这是一个很好的例子。他之所以能进行自我表达，是因为班上有很多愿意听他说话的同学。通过这位同学强而有力的发言，其他学生也一定加深了对于贫困问题的理解程度。在日本肯定还有很多类似的事例，只不过没有被冠名"哲学对话"而已。

营造畅所欲言的环境

哲学对话中最应该重视的是"安心感（Safety）"，即可以毫不犹豫地表达自己意见的状态。营造出可以畅所欲言、放松地进行提问和反驳的氛围，不让孩子担心和惧怕"会不会被忽视？""别人真的会对自己倾听吗？""不会被当傻瓜吧？""不会被否定吧？"在哲学对话中，作为引导者（Facilitator）的教师，恰恰应该承担这样的职责。引导者既是协调对话进程的推动者，也是加深对话与思考的促进者。上文中所述的两位教师，即使身处那样困难的地区，也一样通过自己的努力为学生们营造出了具有安心感的空间。

笔者认为两部电影如出一辙，并且都与杰克逊教授所开展的哲学对话有着很深的共通性。然而哲学对话还要超出自我表达的范畴，并引导参与者去进行知性探究。**所谓哲学对话，就是在维持自我表达的安心感的同时，围绕小组共通的主题去进行哲学探究。**

对话课程风靡全球

联合国教科文组织也很关注哲学对话的效果，并于 1995 年发表了《巴黎哲学宣言》（*The Paris Declaration for Philosophy*，以下简称《巴黎宣言》），2003 年又提出了跨部门哲学战略，向全世界倡导儿童哲学，尤其着力推动中等教育和大学级别的哲学教育的发展，向各国政府提出政策性的建议，敦促进行全面系统的课程开发，并发行了关于各地区哲学教育情况的厚达数百页的报告书。

在亚洲，哲学教育的大潮也正扑面而来。联合国教科文组织于 2010 年举办了"关于哲学教育的地区级高级别系列会议"。在亚太地区的会议上，与会者制定了包括具体行动方案在内的各项哲学教育目标。在欧美、南非、以色列以及一些亚洲国家，高中、初中、小学甚至幼儿园、托儿所都在进行儿童哲学实践。

让我们来详细看看《巴黎宣言》的内容吧。宣言首先确认了哲学所涉及的都是关于人的生命与存在的普遍性问题，进而提出了研习哲学的理由。

第一个理由是，哲学讨论可以锻炼公民的判断力，而公民的判断力正是民主主义的根基。判断力在人的生活中是一项重要能力，教育也尤其应该注意培养判断力。

所谓"判断"，就是判读某个事物的真伪、正确与否或是否有价值，例如"这本科学报告书是否真实？"（真伪判断），"这家企业的行为在道德上是否正确？"（道德判断），"这项政策对于残疾人来说都有哪些好处？"（价值判断），"这件艺术品有多少价值"（美学判断），"这个地区可能发生多大规模的地震？"（概率判断），"这项计划是否可行？"（可行性判断）等。如果不去培养判断力，即使拥有再多的知识也无济于事，只有判断力才能引发行动。公民的判断力在政治、经济、文化层面的共同生活中尤其受到重视，而哲学对话的作用正在于提升此项能力。

第二个理由是，哲学教育能教会我们，现代社会的很多大问题，尤其是伦理领域的问题，其实都需要各位公民自行负责解决。《巴黎宣言》中指出，哲学教育就是要通过培养判断力来锻炼公民的自立心，让公民能深思熟虑，不去轻信各种形式的政治宣传。无论何种社会形态，我们人类都难免受到政治权威、经济权威、文化权威的影响。这些掌握权力或权威的人，当然希望我们无条件接受对他们有利的观点。哲学教育可以让人们保持批判性的思考，避免在不自觉间接受这些观点。换言之，哲学教育对于公民教育是有促进作用的。

然而，对于另一些人来说，研习哲学就是让孩子变成"更坏的公民"，因为哲学会使人以批判性的态度去思考现有的法律、制度和政治，并形成自己的看法，不再一味服从，逆来顺受。笔者认为，哲学会让人们变得更有社会参与意识，不轻信宣传，成为更好的公民，然而有些人恰恰不喜欢这样的公民，他们更喜欢顺从而不懂得独立思考的臣民。企图支配别人的人，是不会喜欢哲学教育的，正如苏格拉底当年也曾经被一些人所厌恶。《巴黎宣言》中认可了哲学具有一定的咨询效果，然而哲学咨询不能只是让人们去抑制自己的内心，一味地去顺应现有的社会，而是要找到问题的真正根源，并在团体或社会的层面上进行应对。

尤其值得瞩目的是，《巴黎宣言》中提到了保障人们"研习与实践哲学的权利"。

所有的个人，无论以何种形式，无论身处何方，都必须拥有自由地研习哲学的权利。已经在开展哲学教育的学校，应保持并发展之，而还未开展哲学教育的学校，则应该积极引进哲学教育，并确保其哲学教育的合理性，学校应由有资格的、经过专业训练的教师负责开展哲学教育，该教育不应受任何经济、技术、宗教、政治、意识形态的动机所制约。哲学教育必须具有自律性，同时又必须尽可能地与其他领域的学术或专业训练进行联动。（节选自日本哲学

会第七十届大会的座谈资料）

为什么研习哲学是一种权利呢？受教育的权利是儿童的普遍性人权，为何笔者还要反复强调哲学教育的重要性呢？

在联合国教科文组织亚太地区高级会议上，就开展哲学教育的理由进行了讨论。会上指出："哲学的作用是，给民众思考社会发展的方向、目的和目标的机会。"

在人类生活中，尤其在民主主义尚不发达的地区，人们的思考力和判断力往往受到经济、技术、宗教、政治、意识形态等因素的制约。"地区哲学教育高级别会议"上提出"哲学可以让人们对各种社会局面进行思考与反省"的主张，这是因为哲学有着知性的一面，让人们得以去审视自身和社会的理想形态。

无论科技如何进步，它都无法取代哲学。科技不仅能与宗教、政治、意识形态的动机和谐并存，甚至可能被后者所支配。日本的邪教集团就利用科技知识制造了一连串的恐怖事件，笔者对此记忆犹新。那些在知名大学里学习物理学、医学、法学的年轻人，却有着歪曲迷信的世界观和强烈的支配欲。

上文所述的电影中提到了《安妮的日记》，少女安妮敏锐冷静的批判精神，与当时大多数成年人对纳粹的盲目狂热和自欺欺人形成了鲜明的对比。研习哲学的权利，就是与这些宗教、政治或意识形态的动机保持距离，充分发挥自由思考、发言、对话的权利。

在联合国教科文组织在"跨区域哲学战略"的第二节《世界范围内的哲学教学》中，明确做出了如下宣言：

哲学教育有助于培养自由的公民。它让参与者学会如何独立判断，参与各种类型的讨论，尊重他人的言论，只服从理性的权威。换言之，哲学教育就是履行公民基本权利的实践训练，让每个人都拥有思考的自由以及摆脱不经独立思考和质疑的"前人经验"的自由，培养公民根据自己当前的处境进行判断的能力。而要做到这些，就必须去评估是否应该采取某种行动，并在经过斟酌之后最终进行选择和取舍。

上述两部电影中所展现的教育的巨大可能性，还能通过哲学对话取得更大的发展。通过对话培养判断力，就会产生既能批判性地思考又能保持自律的自由公民。

培养孩子与世界对话的能力

思考各种社会问题

研习哲学的权利不仅属于孩子,也同样属于所有热爱自由的成年人。如今,哲学对话在全球的各种场景和领域中悄然兴起,而儿童哲学正是此类活动中的重要一环。

哲学对话也可以总称为"哲学实践",在古希腊以及市民革命的时代,哲学就是市民之间通过自由的对话去探究真知。其后,哲学成为大学中的一个科目,并逐渐演变成一门以阅读文献为中心的学问。进入 21 世纪之后,哲学更是将科学视为敌人,并朝着专业化和学术化方向越走越远。在大学里,都是以教师单方面授课和阅读典籍为主。与其他领域一样,这会导致普通人与专家之间鸡同鸭讲,普通人的哲学也被贬低为"启蒙性的"或"通俗性的"哲学。这些孤芳自赏、自诩为哲学专家的人,迟早会为他们傲慢的态度而付出代价。

针对这样的情况，德国哲学家莱奥纳多·迪尔森（Leonard Nelson）主张恢复苏格拉底式的哲学对话，并于20世纪20年代发起了新苏格拉底式的对话活动，记述人们的经验，并基于此进行深入彻底的小组讨论，这种方法以各种简略化的形式延续至今。

20世纪90年代，马克·索泰（Marc Sautet）开始倡导"咖啡哲学沙龙"活动。人们聚集在咖啡馆里，喝杯咖啡，吃点小食，围绕着哲学命题进行自由的讨论和对话，可以由哲学专家先进行演讲，确定方向，也可以由哲学专家担任引导者，由参与者自行对话。日本从2010年开始逐渐普及此类活动，并在日本各地频繁举行。类似的活动还有"咖啡科学沙龙"，即邀请科学方面的专家，针对某项问题进行双向对话。

"咖啡哲学沙龙"在各地区、各领域中逐渐普及

"哲学咨询"也是一项重要的哲学实践活动，始于 20 世纪 80 年代初格尔特·阿肯巴赫在德国科隆郊区开设的"哲学咨询中心"。目前此领域的先驱有娄·马里诺夫（纽约市立大学）、彼得·B·拉比（加拿大菲莎河谷大学）、彼得·哈特罗（鹿特丹伊拉斯姆斯哲学实践研究所），无论在校内还是校外，他们都主导着该领域的发展趋势。

哲学咨询以个人或团体为对象，围绕着各种关于人生的命题进行讨论。与心理咨询不同的是，心理咨询是以精神疾病的患者为对象，以治疗为目的，而哲学咨询则是以普通人为对象，以加深对于人生问题的思考、寻求解决问题的突破口为目的。此外，企业等主体也开始流行开展哲学对话，尤其是在涉及公司方针和伦理问题时，抑或关乎职业生涯和人生时。

成年人也尝试一起参与

为什么哲学对话能取得如此长足的发展呢？在现代社会里，人们正在逐渐从傲慢的专家手里夺回决定权、思考权和执行权。比如，传统的医疗只能由医生单方面决定治疗方针，而今天的人们获得了更多的信息和选项，患者已经具备了自主选择治疗方针的条件。由此产生了知情同意（informed consent）制度，而这也是公民主体性复权运动的一种具体形式。"咖啡哲学沙龙"之所以在日本的福岛、东北等灾区大受欢迎，正是市民希望对自己的未来进行自律性判断的表现。

相比传统哲学，哲学对话就是要由普通人来夺回以往被哲学专家所霸占的话语权，即哲学的民主化。那些所谓的哲学专家们自以为写几篇故弄玄虚的论文就算真正的哲学了。日本人会倾向于缜密至上，然而这对于哲学来说未必是好事。究竟为了什么去追求缜密，恐怕专家们早已忘到了九霄云外。哲学本应是开放的智力活动，而有些人却只在有着共同前提的小圈子里进行讨论，甚至对于前提本身都不提出质疑。这些人盲目地将某些哲学家的著作奉为圣典，认为它们神圣不可侵犯，完全忘记了如何去进行批判性的思考。他们对于非专家而自称"哲学学者"的人嗤之以鼻。然而在笔者看来，这些所谓的专家已经偏离了哲学的精神。作为同样受过专业训练的哲学专家，笔者对于哲学的学术化倾向深感忧虑。

如果连哲学都沦为专家的专属品，还有哪一种学问和知识能为市民所用呢？各领域的专家都齐聚一堂了，我们的世界就能变得更好吗？把什么事情都交给专家究竟有多危险，笔者作为日本人，从东日本大地震以及其后的原子能核电站事故中看得真真切切。

笔者也绝非否定哲学研究的专业性。问题在于，本应研究讨论的一些大命题与所谓的专家的专业性应该区分看待。笔者认为，这些专家拒绝接触完全不同的事物和新事物，因此也就等于放弃了深度思考。哲学是关乎人类公共生活的必不可少的智力活动，而专家们却独占了其中最重要的部分，还让哲学变得极为无聊。

无论是与儿童进行的哲学对话，还是咖啡哲学沙龙，抑或新苏格拉底式对话，共同特点是其讨论都不依赖于哲学史的知识或权威。因为三者都不允许自己不去论证而只是仰仗权威。在对话中，人被赋予相互性，成为完全对等的存在。专家必须脱下知识和权威的外衣，作为一个独立的个体去表达自己的思想，与别人正面进行对话。笔者认为，儿童哲学正是哲学市民化过程中的一大趋势，儿童哲学很可能成为一场四两拨千斤的革命。

有百年积淀的培养方式

让我们将目光转回儿童哲学，来介绍儿童哲学的全球趋势吧。

与儿童一起研习哲学的尝试，据说开始于 20 世纪 20 年代的德国，由赫尔曼·诺尔（Herman Nohl）以及恢复了苏格拉底式哲学对话的迪尔森率先发起了与孩子共同研习的对话型哲学。其后让儿童哲学得以发展壮大的是马修·李普曼（Matthew Lipman）。李普曼在哥伦比亚大学教授《哲学概论》时，痛感大学生的思考力和反省力之低，他认为问题在于进入大学之前的教育。后来在 1974 年，他在蒙特克莱尔州立大学设立了"儿童哲学研究促进协会（The Institute for the Advancement of Philosophy for Children，简称 IAPC）"，并开始着手以儿童为对象开展对话型的哲学教育，尝试培养孩子的思考力。此类活动也被称为"P4C（Philosophy for Children）"或"PWC（Philosophy with Children）"，在李普曼的直接或间接影响下，此类活动在其后的 40 年里开始逐渐风靡全球，李普曼是今天的儿童哲学当之无愧的开山鼻祖。李普曼所倡议的P4C方法，以培养理论思维为核心，以探究更深层含义为目标，是贯穿六年初等教育乃至整个九年义务教育的体系性课程，因此教师素质就变得极为重要，并且需要以全校为单位去开展和推行。

李普曼著有几本重要的理论书籍，并同时参与了多种教材和教育指导书籍的出版工作。其中，《哲学走进校园》（坦普尔大学出版，1988年）；《教育中的思考》（剑桥大学出版，1991年第一版）；李普曼与安·夏普、弗莱德里克·奥斯坎杨共同编著的《教室里的哲学》（坦普尔大学出版，1977年），都是重要的理论书籍。儿童哲学研究促进协会也出版了结合语文、理科、社会、公民道德等各学科的教材，此外还策划了教师进修活动和夏令营。如读者感兴趣，不妨前往儿童哲学研究促进协会的官方网站一探究竟。

李普曼的主要着眼点集中在理论性的推论以及判断力的发展上，但是只要读一读他的著作就会发现，他的教育目标绝不仅仅是获得思考技巧。他反复强调，思考深深扎根于包括感情因素在内的人类整体交流之中。他的理论基础是约翰·杜威的教育哲学以及维果斯基的儿童发展心理学，二者的思想在本书中无法一一尽述，二者的共通点则都是关于人的生长发育以及人与人的互相作用，重视协同学习和对话。皮亚杰年轻时不太重视人际关系在智力开发中的作用（儿童哲学的理论家时常会因此而批评皮亚杰），而晚年时，他也开始主张思考自己单独完成本应在人与人之间完成的互动的局限性。

由此可见，与电脑的单纯信息处理相比，思考更像是一种政治活动，这乍听起来可能很荒诞，然而政治恰恰就是在平衡各种不同的意见和利害关系，而思考也是采纳别人的各种声音，平衡其中的对立、斗争和偏差，让这些声音产生关联，互相交涉、调停、总结，并取得和解。在这层意义上，思考的的确确是一场政治活动。

加雷斯·B·马修斯（Gareth B.Matthews）晚于李普曼数年出生，他也为儿童哲学的发展做出了一定的贡献。他是希腊哲学领域的专家，从少年时就开始关心哲学。在他的著作《孩子们都是小小哲学家》（日文版：铃木晶译，日本新思索社出版，1996年）一书中，他曾说："传统哲学将儿童排除在外，这是一种偏见。儿童完全有能力研习哲学。"马修斯指出，与孩子一起研习哲学，可以体验一种前所未有的全新关系，即教育方之于被教育方，监护方之于被监护方，不再具有单方面的压倒性优势。基于自身的经验，笔者完全赞同此观点。同时马修斯也提出疑问，如果将儿童纳入哲学对话者的范围内，哲学的整体框架是否也应该重组？如上文所述，卖弄专业知识、故弄玄虚、拐弯抹角的学术派哲学，在儿童哲学真正的对话面前变得一无是处。

有对话力的孩子开始成长起来

遗憾的是，李普曼和马修斯于 2010 年、2011 年相继去世。如今，儿童哲学的发展已是长江后浪推前浪，两位泰山北斗的遗志也被后人继承并发扬光大。1958 年"国际儿童哲学会（The

International Council of Philosophical Inquiry with Children，简称 ICPIC）"成立了，每两年举办一届全球大会。除欧美之外，儿童哲学在奥地利、澳大利亚、巴西、墨西哥、西班牙、南非、以色列、韩国等国家和地区也取得了长足的发展。

在北美，组织成立了探究团体北美学会（North American Association for the Community of Inquiry Organization，简称 NAACI）以及哲学学习与教育协会（Philosophy Learning and Teaching Organization，简称 PLATO）等学会和联络会。数年前的报告显示，在北美已经有 5000 所学校在实践儿童哲学。在儿童哲学之外的领域中，培养批判性思维的教学方式也在不断发展。20 世纪 70 年代之后，研究儿童发展心理学和认知科学的学者开始关注儿童思考力的培养，出版了多本关于批判性思维的理论、实践书籍以及教科书。儿童哲学的精髓在某种层面上也被批判性思维的研究和教育所继承。

然而李普曼认为，尽管批判性思维盛行一时，但是在进行思考教育方面仍存在不足。因为人们只是单纯地将思考视为一种可以习得的技巧，对于思考的创造性和情绪性的一面，对于一边对话一边共同探究真理的过程，人们都缺乏尊重。他主张，批判性思维只有依托儿童哲学才能得到更进一步的升华。

在儿童哲学尤其盛行的澳大利亚和新西兰的部分地区，还设有学会。塔斯马尼亚大学的提姆·斯普罗德（Tim Sprod）教授有着丰富的初高中教学经验，他发表了以对话形式开展理科教育和道德教育的著作。里约热内卢大学的沃尔特·奥马尔·科汉（Walter Omar Cohan）教授在里约郊区贫困地区的公立学校开展识字教育，并与学生一起实践哲学对话，通过这些活动去探索大学学术研究与社会的新型关系以及哲学教育与社会、政治行为的理想形态。而墨西哥也同样在开展以培养公民自律性为目标的哲学教育，由优海尼奥·艾切威利亚（Eujenio Echeverria）教授负责儿童哲学拉美中心（CELAFIN：Centro Latino Americano de Filosofia para Niños）的运营管理工作。

独立于以李普曼为鼻祖的儿童哲学之外，法国有着一套根深蒂固的独特的哲学教育传统。在法国，哲学是高中最高学年的必修科目，哲学教育得以生根发芽。学习要求为：文科的学生每周必须听讲八个小时，经济社会学科的学生每周必须听讲四个小时，理科的学生每周必须听讲三个小时。法国高考的考题，除了语言之外，几乎都与哲学相关。例如，文科的题目可能是："自由是否应该服从于各种各样的界限？""不公正是否起源于人的本性？"考生要用四个小时回答这些问题。这与日本大学的文科长文论述考试比较相似，但是法国的高考要写满四五张 A4 纸，这与日本高考的"伦理"科目又大相迥异。法国的哲学考试制度由拿破仑创立，他认为通过哲学可以培养出自由的公民。

法国高考固然有很多优点值得借鉴，法国大学生的论述能力也的确很优秀，但是其备考过程中还是掺杂着诸多的传统应试成分，想要正确无误地引经据典，就必须大量记忆相关知识。可见法国的哲学教育还是以阅读理解和论述为主，未必重视对话，而大学课堂上也是以教师单方面授课为主。

在这样的背景下，奥斯卡·柏尼菲（Oscar Brenifer）开拓出了苏格拉底式的哲学对话方法，并在法国建立了哲学实践基地。他在儿童哲学方面也积极开展实践，开发出了大量出色的绘本教材和语文教材。如今他已是誉满全球的哲学实践和儿童哲学领域的实践家，每年都会在世界各地举行多场演讲和座谈会。在他的官网上可以看到以小学生和高中生为对象的哲学对话实践内容。由他编纂的小学生教材中，收录了大量插图精美的哲学问答，均采用自问自答的形式。此外，另一位法国哲学实践家布莉姬·拉贝（Brigitte Labbe）从15年前就开始从事儿童哲学活动，也开发出了很多本精彩的绘本教材。布莱尼佛和拉贝的书在日本都有翻译出版，笔者将在下文中介绍这些教材。

风靡世界，风靡日本

在亚洲，新加坡的哲学实践活动也卓有成效。比如新加坡的著名中学——莱佛士书院（Raffles Institution）就设置了通过对话型哲学教育培养批判性思考力的课程，并取得了显著的成果。其提高对话深度的方法、技巧和评价方法都有诸多值得借鉴之处。在中国台湾地区和韩国，也有很多教师致力于儿童哲学实践，哲学咨询等哲学实践形式也大受欢迎。

以北美、中美、南美、欧洲和亚洲为中心，全球有60多个国家和地区正在努力实践儿童哲学。在欧洲，德国、荷兰、奥地利和西班牙都在进行李普曼式的儿童哲学实践。每年都会频繁举行培训教师的座谈会和讲习会。本书只是在笔者所知的范围内介绍了部分地区的部分人所开展的活动。然而笔者希望大家能通过本书确认一个事实，那就是讨论式的哲学教育正在以惊人的速度风靡全球。而日本在儿童哲学领域亟须奋起直追，无论是教育学家、哲学家，还是心理学家，都长期对本领域缺乏关注，导致日本步调迟缓。

然而，我们不能忘记日本其实也有优秀的哲学教育先驱者。例如教育哲学家林竹二（1906—1985 年，日本东北大学教育学部），生前奔走于日本全国各地的小学，从事对话形式的哲学命题授课实践。（林、小野，1981）林竹二老师认为，做学问不能一味地进行填鸭式的灌输，而是要反复审视考量已有的知识，其中也包括同时对自己和他人进行审视和考量。在追寻问题答案的过程中发现自己反倒被更多的问题追着走，有过这样经验的孩子，往往更能摒弃甚至超越自己之前的思维格局。通过这样的反复问答，可以让日常生活中肤浅繁杂、生搬硬套的知识和问答得到升华，孩子更深层次的真实想法也就随之迸发出来了，而这正是苏格拉底对话的本质所在。在日本，鼓励孩子去思考和表达的实践家绝不止林竹二老师一位。他们的意志，定能以哲学对话的形式得到传承与发展。

大阪大学的大学院临床哲学研究室，从十几年前开始哲学对话和儿童哲学的实践，今天仍在积极开展相关活动。几年前，笔者的小组也开始以立教大学、上智大学以及东京大学教养学部为据点，在日本东京圈的小学和初高中进行授课，举办课外活动，此外，还在志愿者的陪同下，在托儿所和幼儿园进行儿童哲学实践，扩大了实践范围。一些学校将哲学对话完全导入到课程表中。给予我们理解、配合的小学和初高中老师们，结合各自的科目内容，将哲学对话作为一种授课方式。日本哲学会也成立了以哲学教育为着眼点的委员会，今后日本的对话型哲学教育大有发展空间。

批判性思维、创造性思维与关怀性思维

哲学对话可以培养三种思维力

对于儿童哲学所能培养的能力,读者们应该已经有了大致的了解。那么应该如何看待这些能力,又应该如何去培养呢?笔者将结合李普曼的理论进行探讨。

李普曼认为哲学对话可以培养三种思维能力,即批判性思维、创造性思维和关怀性思维。请看后图。(参考《教育中的思考》)

这三种思维能力都不是孤立的,而是思维的三个层面、三种形态。三者看似独立而又相互融合,三合一的多元思维才是正确判断的来源。

下文中笔者将依次详细解释说明。

为什么要打分

首先,在教育的世界里,人们最常提到的就是批判性思维,什么是批判性思维呢?

具有"批判性",并不代表一定要拒绝、指责或否定对方的主张。

所谓批判性思维,就是不轻易相信包括常识和成见在内的信息,而是先去验其真伪或妥当性的一种态度。

联合国教科文组织指出,批判性思维的作用首先很可能是防伪性的。在有人不给我们斟酌和思考的机会就企图让我们相信某些事情时，这种思维可以让我们保持不轻信的态度，但是批判性思维也绝非闭关自守式的自我保护。我们每个人都有某些"信念"或"成见"，在无意间相信，又在不知不觉之间变成了自己思考与行动的前提，而究其根源，这往往是来自于自己出生的家庭和地区所属的传统政治倾向、经济地位和文化权威，这些往往已经变成自己的一部分，很难自知并改变。而让我们认识到自己的这些"信念"或"成见"的，正是与我们自身大不相同的其他人的存在。别人的发问，会让我们意识到自己原来有哪些"信念"或"成见"，**哲学对话不仅要探讨来自外部的信息，更要追问自己内心的想法。**

探讨的结果，可能会让人认识到原有常识的正确性，也可能正相反，因此可以说批判性思维是一种判断。联合国教科文组织的跨部门哲学战略中提到的"人与生俱来的思考的自由，对独断而看似不容置疑的所谓的'前人经验'产生怀疑的自由"，指的就是以批判性的眼光去看待我们在无意间继承的"先人的智慧"。

然而，既然批判性思维是一种判断，就需要判断标准。这种标准可以是理由，也可以是依据。因此教育要教会孩子的并不是一时兴起的怀疑主义，而是在瞬息万变的现实中探寻长期可信的、基于充分的理由和依据的信念体系的能力。比如："学校为什么要给学生打分呢？"这就是批判性思维的开端。而这很可能来源于新的经验，比如：有的科目不打分或者有的学校根本就不打分。无论如何，这是对学校给学生打分的理由发出了疑问。**批判性思维的本质是一种态度，即试图为以往深信不疑的事物寻求**

理由或依据。找到了自己认可的理由或依据时，发问也就随之停止。

我们不妨再尝试更进一步思考。"学校为什么要给学生打分？"假设针对此问题得到如下回答："不打分就不了解学生的水平"，然而，因为有的科目不打分，有的学校根本就不打分，我们还是会怀疑分数存在的意义。此处可以提出很多问题，比如："那么不给学生打分的学校真的就没办法掌握学生的水平了吗？""没有分数真的就没办法了解学生的水平吗？""这种打分方式真的能反映出学生的水平吗？""那为什么有的学校根本就不打分呢？""怎样才算提高了水平？""为什么非得要学好那门科目呢？"

提问者只是希望获得几种答案吗？还是希望找到能说服自己的理由或依据？不言而喻的是，即使一开始只有几个孤立的核心问题，各种各样的问题之间最终都会产生关联，而真正应该思考的终极问题是，学校教育应该如何引导孩子成长，孩子的成长又应该由谁来以何种方式做出评价。思考这些有深度的问题，并试图去回答，这就是批判性思维的最终目的。随着批判性思维的加深，盲目的怀疑主义也就自然会烟消云散。

然而李普曼也指出，批判性思维很容易受到前因后果的影响。要判断某件事物的真伪或妥当性，就必须思考这件事物被置于何种前因后果之中，有着何种背景。"学校为什么要给学生打分？"这样的问题放在学校的背景下才有重要的意义，如果换做保龄球场呢？恐怕没人会去问"打保龄球为什么要有分数？"这种问题吧。玩保龄球不打分会令人莫名其妙，甚至会完全失去乐趣。"为什么要打分？"这个问题，根据具体的情况，可能很有深度，也可能画蛇添足。因此李普曼认为，批判性思维必须考虑到例外情况、偶然性和非典型事例等因素，不能将普遍性的规则强加到个案上，而是应该根据具体的背景和前因后果，灵活地去改变探讨的内容。

"感觉自己越来越不懂了"应该受到夸奖

接下来谈谈创造性思维。**所谓创造性思维，就是催生新事物的思维方式，这与艺术作品的创作密切相关。**创造性思维就是要产生有独创性的创意或独特的构思，然而创新并不意味着可以无理取闹，要具备合理性。**创造性思维是一种充满想象力的、有实验性的、创新发明导向的思维方式。**有创造性思维的人，会用自己的头脑去思考，有着不轻易与众人趋同的独立心。创造性思维也可以给别人带来刺激，让别人产生新的思考。

批判性思维与创造性思维的区别是，后者更重视先进性。批判性思维试图找到自己认为切实可信的知识，例如笛卡尔之所以要怀疑一切，是因为他试图探寻万物共通的真知，他相信从知识中能找到绝对的确定性，从这一点上来看，笔者认为笛卡尔比较保守。而杜威则主张知识无止境，永远处于不断改善的过程中，我们始终在路上，任重道远，笔者认为杜威比较先进。要让批判性思维具有创造性，就不能只停留在单纯怀疑或不确定性的状态下，此阶段尚处于缺乏深度的怀疑主义阶段。要具有创造性，就必须不断去寻求新的怀疑和不确定性，在哲学对话中，所提出的问题越来越有深度，不断上升到新的高度，这恰恰证明了哲学对话是具有创造性的。

在传统的学校教育中，孩子恍然大悟"我懂了"，教师也会夸奖学生"很不错"。然而在哲学的世界里，如果孩子感觉"原本以为自己能懂、能理解的事情，现在感觉自己越来越不懂了"，这才是应该受到表扬的。哲学就是要在各领域中感觉自己越来越"无能"，越来越不懂，也许从某种意义上来说，这是一种"反向教育"。

我们对某件事物产生怀疑时，首先会暂时放弃自己以往深信不疑的观点。我们会感觉这个世界充满了不确定性，并凭借着创造性思维去重新审视不确定性，建立解决问题所需要的假设，并试图确认其是否正确。如果说批判性思维是判断性和评价性的，那么创造性思维就是建设性的。然而，**批判性思维只有拿出希望向前发展，希望催生新事物的态度，才能真正迸发出活力**。真正的批判试图解决前所未有的新问题，因此真正的批判必然是生产性的、创造性的。上文中的批判性思维示例——"学校为什么要给学生打分？"在探讨不断深化的过程中，会慢慢演变成学校应该如何开展教育的问题。如果因此能产生出更多优秀的教育宗旨和教学方法，那么这样的批判性思维就是有创造性的。

如何传达自己的想法

最后我们来说说关怀性思维。众所周知,所谓"关怀",是指心中有他人,替他人着想,照顾他人,体恤他人,看护或保护他人。在教育领域中,时常能看到"批判性思维"和"创造性思维"这两个词,而"关怀性思维"却鲜有耳闻。关怀,涉及思考的感情层面。有人认为思考与感情是完全不相关的,甚至是完全对立的,对此笔者不敢苟同。我们通常会倾向于认为,思考仅仅是形式性和结构性的问题,只需要用好推论法、逻辑推理方法、演绎法或归纳法等具体的方法就好。然而实际上,我们的感情会在很大的程度上塑造我们的思考,为思考提供方向、构建框架并带来均衡感和不同的视角。

比如,我们会思考如何培养自己的孩子。从根本上来说,促使我们去思考育儿的大方向,并为我们的选择与判断提供视角的,恰恰是期盼孩子成长的父爱或母爱,以及希望理解孩子的共鸣感。如果没有这些感情基础,我们压根就不会去思考培养孩子的方法。又比如,我们在思考什么才是社会的公平与正义时,会与遭受不公待遇或贫困凄惨的人们产生共鸣,并对这样的社会产生不忿感。如果没有这样的感情,也许我们也不会去思考社会问题。

感情并不只是单纯的生理反应。在地铁上被踩了脚,根据对方的态度,我们可能会生气,也可能一笑置之。尽管自己感到很疼,有时甚至反而会去同情对方。人之所以会感到愤怒,不仅是因为自己受到了伤害，还要加上认为伤害自己的行为不正当的判断。由此可见，感情本身就是以价值判断为基础的，其中已经蕴含了思考。事实上，在我们作出判断时，感情往往起到举足轻重的作用，不能将感情与思考视为非黑即白、非此即彼的关系，二者是可以合而为一的。因为感情本身就是做出某种选择，而这恰恰是一种决断或判断。

反过来说，没有感情的思考就好比一道强制问答的数学题，平淡无奇，很难让人提起兴趣。上文中提到的对自己孩子的爱，或者对穷人的共鸣感，都是对他人的一种关照或怜悯，又或者希望安慰、治愈或关怀对方的态度。所谓关怀性思维，就是伴随着关怀对方的态度或行为的一种思维模式。这里所说的关怀性思维有两层含义，首先是在选择自己的思考主题时意识到别人的存在，其次是关注思考的方法。比如写情书的人，在挂念自己心仪之人的同时，也会在意这封情书本身会给对方带来什么样的影响。又比如思考如何培养孩子的人，在为孩子着想的同时，也会在意自己的态度会让孩子产生什么样的变化。这就是在与别人产生共鸣的同时，关注自己能给予别人何种关怀的思考力。

因此笔者同意李普曼的观点，即关怀并不是引发思考的条件，而是思考的一种理想形态或一个侧面。关怀就是细心调查事物，发现或创造事物之间的关联性，思考其他的行动选项，调查问题并寻求解决方法，在认知层面上发挥作用。此时的关怀就是一种思考。关怀性思维、批判性思维和创造性思维成为思考的几个重要层面。换言之，思考之中本来就包含着关怀与照顾。

如上文所述，如果没有了关怀，思考就会失去价值。如果思考中没有任何价值取向，思考就会变得毫无感情，缺乏关心，无法充分发挥思考的职能，也会影响到对真知的探究。关怀性思维、批判性思维和创造性思维有着很深的关联性。比如，不太关心季节变换的孩子，可能只会粗略地把红叶画成红色，而关心季节变换和树木细微变化的孩子，则会拿出各种颜色的彩笔，把叶子的部分都细致描绘出来，他们会动手动脑，思考如何把红叶画得更加传神。关怀性思维可以让孩子对事物有更准确的认知，把色彩描绘得更加生动，从而演变成为创造性思维。而批判性思维也是殊途同归。当孩子发现校园里种的树已经枯萎时，会去思考如何让树复活，哪里做得不对，树都需要什么样的照顾，以做出这些判断为目的的批判性思维，恰恰是对树木的一种关怀。

孩子应该学会的三点

当思考具备了批判性、创造性和关怀性这三个层面时，才是好的思考。

今天的教育时常会强调批判性思维的重要性。诚然，我们需要从死记硬背的填鸭式教育向重视学习如何思考的教育转型，然而批判性思维的最终目的是进行判断，仅以判断为目的的思考，难免会固执于某种判断标准，继而趋于保守。因此，具有实验性、先进性乃至冒险性的创造性思维，以及关照、重视对方的关怀性思维，也都变得同等重要。

哲学对话之所以能同时提升批判性、创造性和关怀性三种思维力，是因为对话这一共同活动之中原本就包含有这三个层面。我们应该记住，思维力的这三个层面，正是我们每个人都应该掌握的哲学对话的重要特征。

学会聆听

与周围人一起开始

关于什么是儿童哲学,它为什么重要,有什么意义,在全球普及情况如何,能培养几种思考力,我们在上文中一一做了解释和说明。本书的第二部分中将提及具体的实操方法。在此之前,笔者希望在第一部分的最后一节中简述儿童哲学实操的特点。

儿童哲学的首要特征就是形成名为"探究团体(Community of Practice)"的对话社团。儿童哲学的具体开展方法和实践形态五花八门,其共通点是通过共同体中的对话去探究哲学命题。儿童哲学的实践家们一致认为,思考因对话而生,共同探究真知可以加深人与人之间的关系。我们不仅需要有思考力和判断力的个人,还需要勇于追求真相的社会。

探究团体的概念起源于查尔斯·桑德斯·皮尔士(Charles Sanders Peirce)和约翰·杜威(John Dewey)。值得注意的是，两位大师都是实用主义哲学家。实用主义认为，人类的知识并非像镜子一样用来影射、记录并反映现实，而是用来预测现实，付诸行动并解决问题的工具。

皮尔士和杜威认为，所谓认知，并非如笛卡尔所主张的那样，只要经过合理的过程就能找到永久不变的真理。认知具有社会性，而知识则始终处于共同体中被不断探究、检验和革新的过程中。所谓教育，就是参与到由教师主导的探究团体之中。探究团体并不等同于"学习"的共同体，它没有固定的学习内容，也不保证探究的过程一定会顺利。探究团体可能会失败，也可能需要不断斟酌、摸索与试错。对于探究来说，最重要的就是发问。从狭义上来说，就是要探究真理；从广义上来说，就是要探究意义，而探究的目的则是理解并做出更好的判断。

在探究团体中，我们会去探究关于个人生命的问题（如爱情、友情、死亡、校园霸凌等问题）、社会问题（如公平与正义、贫富差距等问题），或普遍性的哲学问题（如身与心的关系以及人格的同一性、人与动物的区别、时间与空间、正确的认知方法等问题），孩子会发展自己的思考能力，在比较其他人意见的同时进行讨论。学会聆听别人说话，进行有理有据的理性讨论，时而反省，时而陷入沉思。

探究团体也是一种共同体，因此不能具有排他性，参与者应该可以平等发言，但是也不能强制别人发言，每个人的认知都在共同体中得到共享。共同体具有连带感，但是也不能忘记独立思考的重要性。有时会出现多数孩子不去认真思考问题,而只有少数孩子说很多话的情况,这样也不能成为一个好的共同体,在推进对话的同时,每个人也都必须独立思考。孩子在经历了共同体之后就会认识到,即使互相批判也没有必要感到生气或受伤害,批判只不过是拓宽认知、加深思考的一种手段而已,笔者认为,对真知的共同探究,才能让人与人真正相知。

拿出聆听别人说话的态度

从教育的观点来看,儿童哲学的两大目的就是发展思考力和形成共同体,二者实则为密不可分的两个层面。从方法论的角度出发,我们可能会强调二者之一,然而二者其实都不能完全孤立看待。笔者在上文中提到了对话可以培养思考力,那么对话对于共同体的形成和维护又有何作用呢?

在对话的社团,即探究团体中,即使成员的意见不一致,甚至有时激烈对立,只要能进行对话,社团就能得以维系。每个人都认可别人说话的权利,懂得聆听别人在说些什么并有意愿去了解别人,只有在这样的社团中,对话才能成立。通过对话,我们可以知晓自己与别人的区别以及对立点,同时对话也会让人与人产生关联。哲学对话教育被认为是有利于培养公民的教育,正是因为对话可以让人与人在存在差异和对立的情况下建立与维系人际关系,产生相互关怀的关联性。而背后的深层原因则是,对话中原本就包含着对别人的关怀。哲学对话重视聆听,就是因为没有参与者的相互关怀，对话就无从成立，乃至于思考本身离开关怀也无从成立。

探究团体的成员各自带着不同的视角，为共同探究这个相同的目标服务，探究团体的成员正是因为差异而产生关联。差异才是新经验的源泉，差异可以触发思考，而不对话的社团则往往要求其成员都有相同的想法、喜好和思路，依靠共同性去维持社团，但是这要以其成员隐藏自己与别人的差异、抹杀自己的个性为代价，其成员真实的自我恐怕无法被这样的社团所接纳。每个人都想着如何让自己去适应社团，这样不会产生积极参与的意识以及让社团变得更好的动机。不去进行对话，就无法给社团带来新的经验，每位成员也就失去了成长的机会，这样的社团自然会丧失活力，故步自封。

先不说话，认真聆听

如上文所述，探究团体是全员共同参与讨论的场合，因此最重视的就是安心感（Safety）。所谓安心感，就是任何人在表达自己的意见时都不会害怕或犹豫，可以诚实地说出自己想说的话。如笔者在上文关于公民教育的章节中所述，一个人要想真正参与到社团中，其首先应受到接纳、允许和认可，并且还要有将自己的思考、意见和问题分享给大家的意识。在探究团体中，我们应该营造出只要在不伤害别人人格的前提下，就可以自由发言、提问和反驳的氛围，为此，探究团体首先应该是聆听的共同体。**先不说话，认真听**

别人说，这才是最重要的。

儿童哲学很重视提问，然而在此之前，笔者更希望强调聆听的重要性。每位参与者都认真倾听别人的意见，当发言者请求回答时就坦诚地说出自己的意见，这样的态度很重要。营造出这样的氛围，就是作为引导者的教师的职责所在。

重视过程

儿童哲学探究活动的主要特征和价值侧重点都在于探究过程**本身。哲学就好比一部没有结局的电视剧。**传统的知识观认为，价值蕴含在前人所传承的知识中，该知识被视为具有普遍性和绝对性，而价值也正是蕴含在普遍性和绝对性之中。儿童哲学则与皮尔士和杜威的观点一样，认为认知是一个永无止境的探究过程。因此，只停留在知识的某一个阶段上，实际上会让自己身陷于谬误之中。我们不妨想象一下，某位艺术家认为自己的作品已经完成，或者某位运动员感觉自己是最强的选手，这样的艺术家和运动员只不过是在孤芳自赏而已。孩子也应该超越现在被奉为"真理"的"知识"，拿出不断探究的态度。

探究团体的价值就在于，不满足于获得答案的瞬间，而是要继续开始发问，让探究更加深化，让问题引发更多的问题。**学习过程中重视的是思考，换言之就是为原本无关联的事物建立关联，而非获得信息。**哲学对话的主要目的，就是为一个大命题下的不同概念建立关联性，在不同的命题之间建立关联性。

传统知识观与儿童哲学的特征比较

儿童哲学		传统知识观
重视身体	⇔	轻视身体 重视心灵
重视感情与感性	⇔	轻视感情与感性
认为真理在 不断变化进步	⇔	认为真理 绝对不变
重视知识的演变性	⇔	重视知识的不变性
认可知识的不确定性	⇔	追求确定性
价值就蕴含 在日常生活中	⇔	价值在前人所传承 的知识中
价值可以 是个例	⇔	具有普遍性和 绝对性的事物 才有价值

主动发问

在探究团体的讨论过程中，尤其要尊重孩子自发提问的意愿，满足孩子的好奇心尤为重要。

如果把成年人或教师的问题强加给孩子，孩子就会开始寻找让成年人满意的答案。有一些孩子会不情愿地去配合成年人，还有一些孩子会直接失去兴趣，而失去兴趣的孩子就会变得坐立不安，窃窃私语，甚至会打扰别人发言，影响到班级的安心感，这是来自法国和美国的两部电影中所描绘的最开始的班级情况，在日本也同样具有现实性。反之，认为自己知道正确答案或认为自己知识丰富的孩子，会急于得到教师的认可。既然教师那里有唯一的正确答案，就没有必要听别的孩子说话了。没有自信的孩子就会羞于参加讨论，而只是在得出正确答案后盲从于教师和大多数同学，于是班级对话就变成了少数同学与教师一起寻找唯一正确答案的过程。这种能看到终点的讨论是毫无意义的，没有孩子会认真对待这样的讨论。因此，**儿童哲学的理想状态就是让孩子们产生对话，教师只是对话的促进者而已。**

儿童哲学无论是先看教材还是直接决定命题，都要经过全体讨论，让问题迎合孩子的好奇心，让孩子自己决定。当孩子认识到命题出自于自己，并且能满足自己的好奇心时，就很愿意去思考。

反过来说，如果让孩子自己决定问题，有时也会问出教师不感兴趣的问题，还有一些问题乍一看可能有些欠妥。即便如此，孩子所提出的问题也值得被认真讨论。

例如，笔者负责培训的小学班级里，孩子提出要以"秃顶"为命题进行讨论。这乍听起来有点荒唐，笔者问孩子们："你们为什么想讨论秃顶的问题呢？"他们回答："想知道为什么上了年纪就会秃顶。"然而，如果此时就判断这是一个只需要调查的生理学问题，无法成为哲学对话，恐怕还为时尚早。笔者又追问："那你们为什么想知道秃顶的原因呢？"孩子们表现出了对自己身体成长和变化的关心以及对未来自己也会秃顶的不安。有的孩子认为秃顶很奇怪，很可笑，自己不想变成那样。当话题进行到这里时，有一个孩子很认真地说："我们不能歧视秃顶的人。"这个孩子很可能因为自己身体的某个部位而受到过嘲笑。由此班级讨论的问题就变成了"为什么秃顶会受到歧视？"话题几经波折，最终转向了"身体的细微差异如果被赋予负面的价值，就会产生歧视"。一个孩子在课后感想中这样写道："原本以为秃顶是一个荒诞的话题，没想到大家能认真地讨论这么长时间。"参与本次讨论的孩子，未来在思考人体时应该都会想起这堂课吧。

主动发问是最重要的智力活动。只要发问，在某种程度上就已经找到了答案。我们处于复杂的现实之中，即使发现了某个问题，也往往与其他问题盘根错节，混杂着各种"杂音"和无关的因素，然而究竟哪些是"杂音"，哪些是本质，仁者见仁，智者见智。

教师在学校向学生提出的问题，通常都是为了易于解答或为了易于找到唯一的答案而人为设置的，然而自然界中并不存在像理科实验室那样的理想状态。现实环境不会单纯到立即就能发现问题。寻找命题，勇于发问，大家一起探讨，是一个重要的发现过程。

发问的重要性在于，所提出的问题往往也是对自己以往的看法、生活方式和习惯的一种折射，因此也是在对自己发问。如果问题来自于别人，则很难转换为自我反省。哲学的一大特点就是对自我进行怀疑和审视。

始于开放性，不事先决定问题，终于开放性，不得出完整结论，这就是儿童哲学。哲学就是对知识和真理的不懈探究。有此经验的人，能在复杂的现实中找到属于自己的命题和问题，并且不满足于半路遇到的简单解决方案，他们会继续深度思考，去寻求真正重要的问题。

哲学对话可以没有结果

关于哲学对话，笔者经常被问道，没有结论或总结的开放式结尾有什么意义吗？尤其是中学教师，往往会提出这样的疑问："不获取知识的课有什么意义吗？""有什么用吗？""有什么效果吗？""怎么打分呢？"学校的教师都有在一节课结束时得出结论的习惯。在今天的教育现场，教师们并不关心孩子的好奇心和动机，而只是一味地强调"教育效果"。

其实对话具有提升思考力的效果，而且对话也是有评分机制的。目前已经有很多实证数据可以佐证，体验过对话的学生，都产生了显著的内在变化。

哲学对话可以是开放式的结尾，也可以倾向于解决问题。比如以个人为对象的哲学咨询，在很大程度上就是为了发展自我认知，从而试图解决自己所面临的问题。此种情况下，哲学对话的目的较为明确，效果也易于判断。哲学对话可以致力于解决问题，也可以反其道而行之，而不去试图解决问题的哲学对话才是主流。儿童哲学基本上不以解决问题为目的，可以不得出结论。（在教室里开展以解决问题为目的哲学对话，笔者认为也未尝不可。）

那么开放式探究的目的何在呢？儿童哲学重视的是探究的过程，而非结果，那么其意义又何在呢？这本身就已经是一个哲学问题了。归根结底，笔者认为其意义就在于苏格拉底所说的"认识你自己"或"未经审视的人生不值得过"。发问和对话可以提升人生的品质。我们通过对话，将自己的问题置于一个更大的背景之下，从一个新的层面上评价自己的行为和想法，刷新对自己的认知。

我们会基于家庭和社会所赋予的标准、规范和视角去判断各种事物，并将该判断折射到我们的行为之中。

以上就是以探究团体的形式进行哲学对话时的最基本的整体特征，在接下来的第二部分中，笔者将就对话的推进方式进行更具体的解释和说明。

注： 对话型哲学教育的效果，还可以通过新泽西推理能力测试（New Jersey Test of Reasoning Skills）进行佐证。请参考 Trikey S.& Topping K.J.（2004 年）。笔者在 2012 年 4 月的日本哲学大会上策划了"对话型哲学教育的效果测评"以及"在初等和中等教育中导入对话型科学教育的可能性"两个小型座谈会。此外还可参考以下论文或著作：Laverty, M& Gregory, M（2007 年）、松下佳代编著（2010 年）、McPeck. J. E（1981 年）、McPeck.J.E（1990 年）、楠见孝·子安增生·道田泰生编（2011 年）。

与孩子
开启
哲学对话

第二部分 培养孩子的对话能力

大人也要和孩子一起思考

要让孩子深度思考，大人要先学会跟孩子一起深度思考。

在对话的过程中，既能做到用心聆听，同时又能做到言之有物，其实是需要一定的技巧的。

下面笔者就来介绍在与幼儿、小学生和成年人的哲学对话中所学习到的有效推进方式。

儿童哲学的推进方式

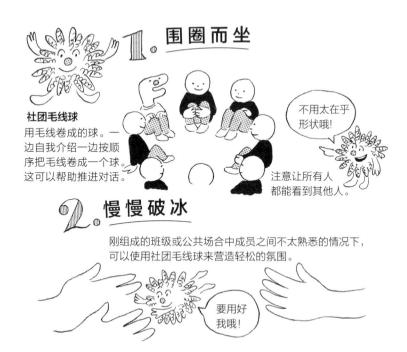

1. 围圈而坐

社团毛线球
用毛线卷成的球。一边自我介绍一边按顺序把毛线卷成一个球。这可以帮助推进对话。

不用太在乎形状哦！

注意让所有人都能看到其他人。

2. 慢慢破冰

刚组成的班级或公共场合中成员之间不太熟悉的情况下，可以使用社团毛线球来营造轻松的氛围。

要用好我哦！

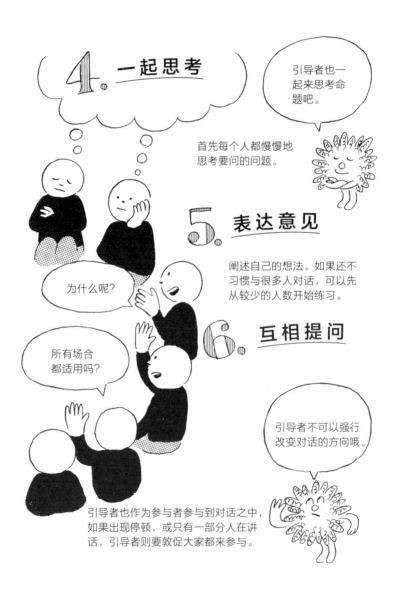

7. 回顾反思

引导者不应强行下结论。到时间就结束，也不妨以互相表达感想的形式结束。

进而……

随着次数的增加，孩子们慢慢也能做到互相激发，让好的点子迸发出来。当孩子们不再需要引导者进行引导时，就表示成功了。

首先要营造出轻松的氛围

没有"绝对正确的方法"

在第一部分的第六小节中,笔者大致说明了探究的推进方法。在第二部分中,笔者将尝试说明儿童哲学的具体实践方法。本书的读者在儿童哲学实践中应该是扮演引导者的角色,因此在下文中,笔者将站在引导者的立场上进行解释说明。

首先需要注意的是,**哲学对话没有"绝对正确的方法",笔者在本书中所述的基本方法也仅供参考**。我们的宗旨是,与孩子共同思考哲学命题,让人生变得更加充实。为此自身也有哲学对话意愿的成年人和教师,首先要自行寻求最好的方法,照本宣科会导致思考停滞。

哲学对话没有现成的操作手册。引导者负责让孩子们进行对话,而无论在教育场景中,还是在哲学对话中,从现场氛围中其实能够看出引导者的个性。请在认识到自身个性的基础上去寻找主持与推进哲学对话的方法。

在班级中进行哲学对话时，有一项参与者必须遵守的大原则，那就是首先要认真听别人说话，只有这样才能最终实现相互了解和相互理解，这也是哲学对话中最为重要的原则。探究的过程中，应随时确认所有成员是否都跟上了对话的进程。

谁都有平等发言的机会。别人发言时，只要静静地听就好，等到发言结束之后，再进行提问或反驳。指导教师也不例外，教师也要认真地听学生们正在说些什么，而且提问或反驳应该合情合理。别人的认真发言不应该遭到讽刺或忽视，听别人说话就是尊重别人的人格。尤其要重视教室中的氛围给人带来的安心感。在刚开始上课时，不妨先讨论一下，怎么做才会让大家更易于发言，如何让教室变成一个大家都有安心感的场所。

在召集成年人参加的咖啡哲学沙龙实践中，被认为最不理解哲学的人群（多为中老年男性）很难做到听完别人说话之后再检讨或改变自己，而是一味地试图让在场的人都认可自己的观点。他们会大量引用自己喜欢的作者的书，炫耀已经记住的知识，并不停地反复陈述自己的见解。他们更希望现在的自己获得别人的认可，让他们拿出听别人说话并改变自己的态度可真是比登天还难。笔者认为这样的人很可怜，他们距离哲学态度有十万八千里远。哲学的本质就是借他人之力去检验自己以往深信不疑的事情究竟对不对。在学校里也有类似的刚愎自用的孩子，让这样的孩子先发言，再让其他孩子对其发言进行归纳总结，其态度就会发生转变。

如何安排场地和座次

最容易发言的座次应该如何安排呢？

在说明对话的推进方式之前，要建立探究真知的共同体还需要一些准备工作。在共同体的构建过程中，这些准备工作与对话本身同样重要。对话的质量，很大程度上取决于教室里的氛围。

首先要说明的是对话者所处的空间以及如何安排座次。不仅是儿童哲学，所有哲学对话都很重视对话的空间和成员的座次安排，而对话的内容也可能受此影响。

首先是共同体的人数，笔者有时会以200多名学生为对象，进行包括小组讨论和全体讨论在内的哲学对话，此时往往需要将全学年甚至全校的学生召集到体育馆或讲堂，然而这对于实践活动并没有影响。类似的大型团体如何运作，笔者将在下文中进行说明。笔者认为五六个人的小组或三四十个人的班级人数最为合适，这也是最适合咖啡哲学沙龙的人数。如果人数过多，每个人的发言机会也会随之减少，导致参与度降低。

即使在班级或小组中，要让参与者更容易发言，也需要下一番功夫。规模越大，发言越需要勇气。而如果小组讨论的规模过小，又会导致发言失去多样性，在众人面前讲话的经验也很重要。如果平时关系就很好的几个小伙伴聚成一个小组，可能大家只会在小组内窃窃私语,所以无暇顾及班级整体。所以指导老师也应该考虑到人际关系,致力打造出谁都能踊跃发言的环境。

围圈而坐

如果对话者达到一个班级的人数,都可以不用桌子,而直接让对话者围圈而坐。围坐就意味着所有人都以平等的立场参与到对真理的探究过程中,而桌子只会让人与人之间的关系疏远,这时也不需要记事本或笔记本。每个人都不独占自己的思考,而是将其分享给大家,记笔记基本上属于自习的范畴。围圈而坐时,距离以伸手就能触摸到旁边的人为宜,如果离得太远,心理距离也会随之变远。如果没有椅子,也可以直接坐在榻榻米或地毯上。每个孩子都能看到其他人的距离就刚好合适。进行对话时,最好能看到说话者的表情和动作,围圈而坐时,看眼神和表情就知道接下来谁想发言。当然,**作为引导者的教师也要进入圈内**。从营造气氛和增强理解度的角度出发,来观摩的人也应该与儿童一起围坐成圈。如果不能站在与儿童对等的立场上,就很难去掌握对话的本质(就好比只在观众席上观看棒球比赛,很难亲身体会到投球手的力道和击球手的打法)。

我们在学校开展实践活动时,会要求把桌子全部挪到教室的某个角落乃至教室外,参与者只坐在椅子上。桌子只有在写字时才能派上用场,教室里有桌子,本身就说明包括日本在内的东方的教育更重视写,而不重视说。到高中为止的教育中其实很少有对话的机会，导致即使在名校里也有很多学生只会写作文而不懂得如何参加讨论，而在社会上恰恰需要表达和对话的能力。

实践场所可以选择图书馆的开放空间或自习室。作为课外活动开展时，不妨选择公民馆（类似我们的"社区活动站"，但重点在于公民教育与社会学习。——译者注）或儿童馆里有榻榻米或地毯的房间。

放慢节奏,循序渐进

肢体动作方面尤其需要注意的是,要慢慢说话,缓而有序。太赶时间会妨碍对话的顺利进行。生活在现代社会中的人们越来越忙碌,就连小孩子平时也都在赶时间。电脑和电子游戏等带来的快节奏会对孩子造成很严重的负面影响,孩子会变得没有耐心去听别人说话,不能仔细地思考事情,然而金点子绝不会在一片忙乱中迸发出来。哲学对话需要足够的时间去开展,不能操之过急。到时间了可以中途结束,下次再从上次结束的地方开始。在探究的过程中,要随时确认所有的成员是否都理解了操作流程和进展情况。

具体来说,在孩子思考或准备措辞时,要耐心等待,并且重视大家一起深思熟虑的过程(有的老师还没等前一位学生发言完毕就去让其他学生发言,这对孩子来说是很残忍的态度,会让孩子失去发言的兴趣)。在讨论进程过快时,不妨适当倒退,随时确认是否有疑问或未理解的地方,如果有,可以随时停止讨论进行回答,要给每个孩子充分的时间去总结自己的思路,也不妨让某个孩子尝试回顾总结一下讨论的进展程度,作为引导者的教师则更要放慢语速。孩子没有兴趣或窃窃私语时,更要耐心地等待。

以上的方法仅供参考,首要目的是营造出让孩子克服紧张、安心发言的氛围。引导者应该推陈出新,去思考孩子在什么样的环境下最容易进行自我表达，并努力营造出这样的环境。

首先化解紧张

在第一节课的对话活动之前，如果参与者互相都没有见过面，或者班级、小组中存在紧张的气氛，不妨先进行破冰。所谓破冰，就是化解紧张，拉近参与者之间的距离，营造和谐的氛围，大家可以一起玩个简单的游戏，也可以进行简单的自我介绍。所谓的简单游戏其实也可以很随意，比如可以像棒球场上为声援选手而制造波浪线一样依次起立，或张开双臂按顺序拍打旁边人的手心。即使是成年人，只要认真地玩游戏，也可以消除紧张，产生伙伴意识。自我介绍时，引导者可以指定几项内容，后边的人也不妨适当模仿前边的人。

起个哲学昵称听起来也不错。在哲学对话中希望别人怎样称呼自己（可以是苏格拉底或夏目漱石，也可以是自己的真名），不妨写在纸上，然后挂在身上或放在自己面前的地板上，让大家都能看到。用自己的哲学昵称进行自我介绍，也有助于破冰。课堂上不妨就以哲学昵称相称，这也会形成一种戏剧效果，让自己脱离平时的人际关系，成为一个不同的自己，从而更有利于自由发言。

在日本的学校，有发言时要从椅子上站起来的习惯，这也可能成为阻碍发言的要因。孩子可能在站起来的那一瞬间就改变了主意。儿童哲学要求大家共同参与，要让最沉默寡言的孩子也能轻松发言，这样的状态才最为理想，为此一切产生紧张的因素都要进行避免。如需指定某一个人发言，可以使用发源于夏威夷的实用工具——社团毛线球（Community Ball）。

所谓社团毛线球，其实就是把毛线卷成球，很容易制作。不妨就在第一节课进行自我介绍时，前一个人结束发言后将毛线传给后一个人，大家一起按顺序将其卷成球，这样也能提高大家的参与意识，让毛线球变成协同合作的象征。

使用社团毛线球进行对话时，只有手拿球的人才可以发言，其他人只负责听，教师也要遵守此项规则。想发言的人可以举手，把球交给别人也就意味着交出了发言权。毛线球很软，即使扔到远处也是安全的，交出球时不妨喊出对方的名字，这样可以确认大家是在进行共同的活动，接到球的人如果需要一定的时间去思考和总结，其他人应该耐心等待。但是如果接到球的人感觉不想发言，也可以将球传给下一个人。换言之，每个人也有放弃发言的权利。想听更多的人的意见时，可以按顺序向旁边的人传球。

如果没有时间制作毛线球，也可以用布制玩偶代替。社团毛线球可以避免对话中只有少数人发言，或者节奏太快导致其他人跟不上。然而在小学的班级里，一开始经常会出现男孩子只跟男孩子说话，女孩子只跟女孩子说话，或者几个最要好的小伙伴之间来回传球的情况，引导者要注意防止出现这样的偏颇。

营造出谁都可以自由发言的轻松的环境，正是作为引导者的教师最大的职责所在。细致的技巧或道具都在其次，能否营造出好的对话环境直接影响到对话的质量。

注：社团毛线球的制作方法。所需物品：15~20厘米左右的纸卷芯、各种颜色的毛线、扎带。制作步骤：1.用扎带贯通纸卷芯的空心部分；2.从毛线团中抽出毛线，并将其卷在纸卷芯上；3.卷完之后，将纸卷芯抽出，再将扎带用力扎紧；4.切断毛线头，做成毛线球的形状。

如何决定命题和规则

对话课程的基本形式

接下来笔者就来介绍我们所实践的对话部分的基本形式。如上文所述,马修·李普曼所倡导的P4C(Philosophy for Children)方法是一套自成体系的课程。本书尝试在保持李普曼方法论核心的同时,适当进行了简化,下面就向大家介绍笔者的一些实践方法。

哲学对话大致分为以下几个过程:
(1)说明什么是哲学对话
(2)读教材
(3)决定命题和问题
(4)进行探究式对话
(5)回顾和审视对话内容

（1）说明什么是哲学对话

说明宗旨

第一次进行哲学对话时，应说明哲学对话的宗旨，即在哲学对话时究竟要做些什么。尤其是低年级的同学，很难去定义和理解什么是哲学，在这种情况下，如果能播放其他地方的实践现场视频，会让孩子有一个直观的理解。或者也可以不用纠结于哲学这个字眼，不妨让孩子将其理解成大家一起去探究彼此共同的疑问，通过讨论去共同思考。

说明哲学对话的侧重点、操作流程和方法

哲学对话的侧重点就是，相互理解、安心感、放慢节奏、发问与思考、反省自己、深度思考而不轻易下结论，这些都是对话应有的态度，并说明开展对话时的操作流程和方法，也可以给出具体做法的提示。

确认指令

不妨决定大家共同进行对话时的几种指令。比如："请说话声音更大一些""请保持安静""请再重复一遍""我没听懂""请按顺序依次发言""你讲话的速度太快了""我们换个话题吧"等，规定这些指令谁都可以说。这在夏威夷叫作"Magic Word（魔法词）"，会写在卡片上。每位学生都可以在任何时候说出"Magic Word"，这样可以提高参与意识。

（2）读教材

阅读可用于哲学对话的教材

教材最好以故事的形式呈现，内容应能引人思考。在李普曼编著的教材《哈里·斯脱特迈尔的发现》（*Harry Stottlemeire's Discovery*）中，主人公以身边发生的各种事情为线索，与班级里的小伙伴以及老师一起进行哲学思考。

既可以使用专为哲学对话定制的教材，也可以使用老师和学生自己寻找的素材。绘本、小故事、寓言、诗歌之类的文学作品都可以试试看，高年级的学生还可以尝试使用哲学书籍。电影和漫画中也有很多不错的素材。应尽量避免使用过于单纯化的、浅显的教材，确保教材内容中蕴含着多个命题并且都有解释的余地。教材的好坏在很大程度上决定了对话的质量。

可以按顺序每人读一节，这样有助于产生团队意识。

根据情况，也可以用经历过的具体事例来代替教材。在职场等环境进行哲学对话时，就经常会引用在职场实际发生的事例，从中寻找命题和问题。例如,在护士的工作现场，就可以列举出执行不力的事例，讨论其中存在什么样的命题和问题。同样的方法也可以用于教室中。

提前告知学生在读教材时应记住感兴趣的部分和有疑问的部

分。大家一起读过之后，还应该给每个人默读的时间。

也可以不使用教材，直接从下文所示的（3）开始。

（3）决定命题和问题

互相表达感想

读教材时的印象和感想、有疑问的地方、想到的点子等，大家都可以互相进行自由表述。

不用教材，直接开始

哲学对话并不一定需要教材，也可以经过班级讨论之后，直接决定命题和问题。

让大家根据教材说出希望思考的问题

接下来，让大家分别说出自己的问题，同时也要让他们说出理由以及与教材的关系。可以把问题写成板书，然后在问题的旁边写上提问人的名字，让孩子分析这些问题都是以什么为命题的。命题是大概念，而具体问题则是围绕着命题提出，必须以问号结尾。比如，普通朋友与好朋友有什么区别？对于这个问题来说，"友情"就是它的大命题。

对问题和命题进行分类

同时出现各种不同的命题和问题时，可以自由讨论它们相互之间有什么样的关系，哪些可以进行归纳总结，哪些有关联性，哪些更为重要，哪些是自己想知道的,可以先根据大命题的类似性对具体的问题进行归类，再反过来为归类后的问题寻找最合适的大命题。

确定问题

然后选出大家一致希望探究的命题，并确定具体的问题。问题可以不只是一个，只要互相有关联，也可以同时提出多个问题，当然也要注意防止问题数量过多，过犹不及。不应该由教师指定问题，而应该由孩子们自己商量，自己决定,如果实在难以确定，也可以采用投票或抽签的形式来决定。

确认问题是否适宜

确认问题是否与哲学对话的探究相匹配，是否值得思考和讨论。为此就要去思考，究竟什么样的问题才是带有哲学性的问题。对于什么是查了就会懂的问题，什么是需要思考的问题，孩子在某种程度上也是心中有数的（笔者之所以说在某种程度上，是因为一查即懂的事实问题与哲学问题其实很难彻底区分，看似只是一个简单的事实，其背后也可能潜藏着哲学性的疑问）。哲学问题中往往蕴含着更多的问题，很难彻底解决，也无法立即找到答案，它会引发大量的讨论，让人深度思考，并得出各种各样的解答，继而让人的心胸变得更加宽广。

写出问题

最终决定的问题可以写在板书上。问题大致可分为以下三种形式：

第一种是不提出特定的目标而直接进行对话，针对问题进行深度的讨论，自由思考，自由探究；第二种是提出某种定义，或理解各种概念之间的关联性，探究哲学固有的概念和理论，其探究的核心在于为同一个大命题下的各种概念和思路找到关联性；第三种则是尝试为问题找到明确的答案。

（4）进行探究式对话

共同探究

针对在（3）的过程中所提出的问题，大家一起以对话的形式去进行探究，在互相表达意见的同时进行互相提问。这样一个人的问题就会被共享成为大家的问题，大家齐心协力去思考。大家在摸索试探中前行，并根据讨论的方向和结果去重新审视自己以往的观点和看法。

先小组后班级

如果参与者还不习惯对话，或者班级人数过多，不妨先从人数较少的小组开始对话，再慢慢发展到全班范围。

发问的方法很重要

对话是否具有哲学深度，取决于问题的质量，因此我们就要问出能让讨论变得更有深度的问题。针对发言者的主张，提问者不妨反复提出"×××是什么意思？""为什么会×××？"之类的简单问题，直到发言者意识到提问者主张的深度和前提为止。

笔者将在下文中列举出提出重要问题的示例，互相提出这些问题，有助于深度思考自己的发言，使对话的内容得到深化。示例中的前三个问题尤其重要，不妨在刚上课时进行说明。④～⑦略有难度，可以等到孩子习惯了对话之后再使用。

［提问示例］

① "××是什么意思？""××应该如何定义？"（明确意义）
  严格定义多义词的含义，明确词意。
② "为什么？""为什么要这样说？"（理由）
  哲学中最重要的问题就是追问理由。笔者认为，无论何种主张，只要问上四五次"为什么？"就有可能达到哲学的高度。
③ "这么说有证据吗？""有什么具体的例子吗？"（依据）
  作为支撑主张的根据，列举出证据和具体事例。对话中可能很难找到数据，不妨确认该主张的信息来源。比如，是听朋友说的还是在报纸或电视上看到的，或者具体是哪本书上写的。让孩子描述具体的实例很有意义。
④ "那是真的吗？""如何确定那就是真相呢？"（真伪）
  反思性的追问，该主张真的正确吗？确实是真理吗？或追问确定其真实性的方法。

⑤ "那符合所有的情况吗？" "没有反例吗？" （普遍性）

确认该主张是符合所有情况还是只在特定的情况下才具有合理性。对于普遍化或一般化较为明显的主张，不妨提出此类问题。

⑥ "那样的想法有什么前提吗？" "那样的想法是如何产生的呢？" （前提）

某个人的主张可能因为他本人的思维太过于跳跃，很难让其他人理解，或存在无法共享的前提，必要时，不妨让提出该主张的人明确说出其提出该主张的前提。

⑦ "如果那是真的会怎么样？" "按照那样的主张，最终会有什么样的结果呢？" （结论）

提出推行某种主张时会有什么结果的问题，或推论从某种前提能得出何种结论。

互相确认不同点和一致点

每个人的发言都会有其不同的背景以及想要表达的意义。对此不能只是粗犷地去进行总结归纳，而是需要敏感地发现其中的不同点。

调整对话的进度

调整对话进度是作为引导者的教师的职责所在。如果对话进度过快，只有一部分人在说话，其他人就无法参与到对话中。此时可以让某位参与者总结归纳之前的讨论内容，或回归最初的问题，从而调整对话的进度。在讨论失去方向时，可以修改命题，或退回到原来的讨论，让还没发言的人提出其他观点。

对发言进行分析

哲学对话的特点在于对自己发言的反省。新加坡的儿童哲学实践家卢惠光（Kenneth Low）主张在对话时采用讨论板（Discussion Board）的形式，在一张大的模造纸上，以图表的形式分析学生的发言内容。在讨论板上画几个圆圈，并在圆圈里分别写上发言的种类："新的论点""明确了意义""赞成、跟进""反论、反例""偏离讨论主题"。讨论板放在围圈而坐的孩子们的正中间地板上，孩子们在发言时拿起一张车票大小的厚纸片（类似于硬币），如果感觉自己的发言符合这五项之一，就把厚纸壳放在讨论板上的相应的圆圈上。也可以如下图所示，用手拿起来，这样会减慢对话的速度，可以让孩子们在发言的同时进行自我分析。像这样将思考可视化，也是一种行之有效的思考教育。

讨论板（译自卢惠光于2008年制作的讨论板实物）

促进对话的技巧

引导者可以使用如下具体的技巧去促进对话。

① 确保思考的时间。

保证有足够的时间去思考。提出问题后,在孩子们开始举手回答之前,引导者可以说:"大家再好好思考一下吧。"即使已经有学生回答问题,也可以稍候再提问或让下一个人发言。当讨论分裂成几种不同的立场时,可以让孩子们再多思考一会儿,并分别说出自己的看法。

② 让别人帮忙总结。

如果某个人的发言过于复杂凌乱或没有条理,可以让别人帮忙总结,再向本人确认可否。

在进程过快或者进度出现混乱时,也不妨让某一个人做一下总结归纳。

③ 让所有人回答问题。

出现多个相互对立的立场时,可以通过全员举手表决的形式征求大家的意见,也可以按顺序依次征求大家的意见。例如可以这样问:"反对(或赞成)的人请举手。""同意 A 的意见的人请举手,请放下,接下来同意 B 的意见的人请举手。"

④ 提出追问。

某个人发言之后,如果想让他(她)说得更详细一些,可以提出追问，要求其进一步解释说明。例如可以这样问："这个词是什么意思？""这里可以说得更详细一些吗？""这里你为什么这样认为呢？""请举出例子。"从整体来看，要鼓励学生不断提问。

⑤ 刻意辩护和刻意反对。

有一种讨论技巧叫作"恶魔的辩护人（即刻意为恶人辩护）"，恶魔当然是做坏事的，但是引导者仍拿出刻意为其辩护的态度。对于一些只要正常思考就会同意的主张，也可以勉强地、刻意地提出反对意见。当讨论偏向于某一个方向时，就需要刻意辩护或刻意反对的人了。看似正确的思路和看法，很可能隐藏着陷阱和误区。

⑥ 提出替代方案。

即使找到了看似正确的解决方案或答案，也不能轻易满足，还要寻找替代性的思路，也可以后知后觉，因为最开始的未必就是最好的。

（5）回顾和审视对话内容

在对话中不断反省

从上文提到的卢惠光的讨论板中不难看出，哲学对话的特点就是让自己在对话中不断地进行反省。围绕所讨论命题的哲学对话结束后，即可开始进行回顾性的对话（Meta Dialogue, Meta 既有站在较高立场上追溯本源的形而上学的含义，同时也有"第二阶段"

或"后设"之意,这里的 Meta Dialogue 取后者之意,译为"回顾性的对话",换言之就是互相反省,它更像是一种反省会)。

自我评价

对话结束后,不妨向学生提出下列问题。可以举手表示"是",手伸向前方表示"不表态",手向下放表示"否",大家一起回答。以下就是一些提问实例,仅供参考。

自我评价提问实例

① 你是否认真聆听别人讲话?
② 你充分发言了吗?
③ 你认真思考了吗?
④ 对话时你集中精力了吗?
⑤ 你是否对命题进行了深挖?
⑥ 你学到了什么新东西吗?有什么新的思路吗?
⑦ 你对对话内容感兴趣吗?感觉有趣吗?

斟酌对话内容

让学生们更详细地说出在对话中的反省,也是有益的。例如,讨论整体是否有深度,是否提出了好的问题,是否以全新的视角对问题进行了深挖,是否离答案越来越近了,是否有新的发现,课堂上有什么需要改善的地方,也可以一起回忆谁的发言给大家带来了不一样的视角,谁的提问让讨论更有深度,并互相评价,也可以让孩子们简单写写课后感。

推陈出新

到了高学年,就可以将对话中的讨论内容与学术派哲学中的问题和概念相结合,让后续的对话更有深度,但是也要让孩子们敏感地意识到自己的讨论与先贤的讨论背景和意愿有何不同,而不只是让孩子们单纯地去还原过去的哲学理论。这同时也可以让学术派哲学中的问题和概念发展出更多的分支。

孩子沉默不言时怎么办

循序渐进，缓而不急

在上文中，马修斯指出，大人与孩子一起研习哲学，可以建立起一种前所未有的全新关系，即教师对于学生，成年人对于儿童，不再具有单方面的压倒性优势，然而这并不等同于教师或成年人的重要性也随之降低。哲学对话是否成功，往往在很大程度上取决于成年人。成年人自己先要充分理解哲学对话探究中的意义，并身体力行地传授给孩子。换言之，成年人要认识到哲学对话的开放性，拿出与孩子一起在探究中改变自我的态度。林竹二将其总结成一句话，"大人与孩子共度一段时光"。对此笔者很赞同。

从哲学对话和沟通教育的角度来看，教师最重要的职责就是观察并保持教室里对话的安心感，前文中所述的两部电影中也都表达了类似的观点，每个人都要有发言的权利和保持沉默的权利，每个人，尤其是教师，也都要拿出愿意理解别人的态度。

最重要的是，切忌操之过急。给孩子足够的时间去沉思，当某一个人发言时耐心等待，关键在于教师能否做到"不急不躁，静待时机成熟"。

如果将哲学对话视为一种思考教育，成年人或教师就必须成为一名好的引导者。哲学对话的引导者无须掌握大量的哲学史知识，引导者需要做的工作是关注团队的讨论以及孩子的思考是否具有批判性、创造性和关怀性，以及孩子是否在发言中进行了自我反省（例如注意孩子的类似发言："以前我是这样想的，现在我发现原来的想法是错的""听到××的发言之后，我就明白了我自己原来在试图思考些什么"）。

在探究的初期阶段，为了让讨论更加深入，成年人不妨多提问，多介入。哲学对话，并不是简单的谈话或自说自话。话虽如此，如果一开始就过于高深，也会导致一部分孩子跟不上对话的步伐。只要提出上文所述的互相确认理由、根据和意义的问题，单纯表达意见的谈话就会自然上升到哲学对话的高度。提问能给发言者带来思考与反省的契机，只要顺藤摸瓜地尝试回答，自然就能达到哲学对话的高度。成年人不妨参考本书中的"提问示例"，给孩子示范提问的方法，慢慢地让孩子学习掌握追问深层次理由的方法，或寻找反例进行反问的方法以及判断某种意见是否正确的方法。当孩子习惯了这种模式之后，成年人不妨故意提出一些明显错误的问题，再观察孩子们的反应，期待孩子们能提出疑问或反驳。为此成年人要经常暗示孩子谁都可能会犯错。

成年人本身应该拿出什么样的态度，以下几点需要确认一下：

- 耐心观察孩子的反应；
- 向孩子表达自己也会犯错或有不知道的事情；
- 与孩子一起探究；
- 提出促进讨论、深化思考的问题和意见；
- 关注孩子的思考是否具有批判性、创造性和关怀性。

努力让孩子说话

最开始，引导者可以适当多提问，让孩子跟着大人的思路走。这时引导者要极为细致地注意自己的提问方式和意见表达方式。引导者应该注意倾听孩子的发言，明确孩子想说什么，并通过进一步的提问让孩子学会独立思考，这就需要引导者具备向孩子学习的心态。此外，引导者在提问或总结归纳时，不能随便改换孩子用过的词汇，而应该细心地确认每一个词汇的具体含义。孩子选择用某一个词，自有其来龙去脉。如果擅自改用其他词，就会打断发言的来龙去脉，导致发言变味，甚至无以为继。

进入孩子之间对话的阶段之后，引导者则只需要默默守护孩子们的对话，发现对话出现偏差时，可以适当介入提问，或者让某一个孩子做一下总结归纳。在尊重孩子自律性的同时，适可而止地进行介入，引导对话使思考变得更有深度即可。介入到何种程度，考验的是引导者的技巧。如果引导者过度介入，孩子的发言和回答就会受到影响。而另一方面，如果对话不切题，孩子也提不出敏锐、有深度的意见，对话变成了聊天，思考的深度自然也无从谈起。

儿童哲学的最终目标是，让孩子学会自己探究，自我指导。成年人在做出示范之后，大可期待孩子能找到属于自己的方法。随着探究团体的不断成熟与完善，引导者就无须再介入，换言之，引导者变成与孩子身份平等的参与者，这才是探究团体的理想形态。

只有一部分孩子说话时怎么办

从成年人或教师的立场来看，他们又会担心孩子们的发言次数出现严重的不均等。探究团体并不会强迫孩子必须发言，只要倾听就算参与了。但是如果只有一部分孩子在发言，而其他的孩子完全跟不上，也会影响讨论的质量。探究团体就是要将一个人的思考分享成所有人的思考，而这也需要时间去深思熟虑。

有几种方法可以解决只有一部分人发言的问题。如果有上文所述的社团毛线球，不妨以传球的形式让全体发言。从整体上来说如果需要降速，不妨暂停讨论，让某个孩子进行一下归纳总结，或问问孩子们有没有什么问题。对于已有的意见，可以让全体举手表决赞同还是反对，也可以让还没说话的孩子发言。

在笔者的实践中，还会用到一种叫作"发言票"的道具，课前先给每个人发三张"发言票"（车票大小的厚色纸或塑料牌子），每个孩子都有义务在课堂上用至少一张，当然，三种都用完就不能再发言了，使用这种道具之后，慌慌张张什么都想说的孩子变得沉稳了，而平时闷声不响的孩子也养成了说话的习惯。然而笔者也认为，与其依靠类似的道具，更应该放慢讨论的整体速度。

让一个班级达到活跃讨论的状态，看似需要大量的努力和时间，但其实孩子的成长速度是很惊人的。根据笔者的经验，有时只需每周上一次课，一年之后就能形成很成熟的探究团体。小学高年级或者初中一年级的孩子，就已经能实现像大学的研讨班一样的活跃对话了。

引导孩子继续对话的方法

授课时间段安排

开展一次哲学对话形式的探究需要多长的时间呢？又应该如何安排到学校的课程中呢？

即使幼儿园也可以实践哲学对话，但是孩子太小也会有注意力不集中的问题。根据笔者的经验，有的幼儿园的孩子只能集中精力十几分钟，也有的孩子能进行长达一个多小时的对话。他们的个人差距很明显，而且很容易受到各自生活背景的影响。小学的课时安排是长期累积的结果，自有其经验价值，不妨结合学校生活和已有课程的实际情况进行安排。

如何分配时间

在笔者的实践中，"读教材"以及"决定命题和问题"这两个步骤就要用掉一节课的时间（40~50分钟），采用全班讨论的形式，而在"进行探究式对话"时，小组讨论和全班讨论都要用掉一节课的时间。每一节课都是在最后的 5~10 分钟进行"回顾与审视对话内容"的环节。围绕着同一个题材（教材）需要耗时三节课去进行对话，如果时间缩得更短，笔者就会认为操之过急。

笔者在日本的小学、初中和高中所做的实践，都是以三节课为一个单位。教师应能很好地掌控整体的流程和步骤，但是同时也必须迎合孩子们共同的意愿和选择。在快下课时，教师无须总结归纳对话的内容，以"回顾对话"的形式收尾即可。

第一节课（45分钟）

- 导入　　　　　　　15 分钟
- 读教材　　　　　　5 分钟
- 决定命题　　　　　20 分钟
- 回顾对话　　　　　5 分钟

第二节课（45分钟）

- 决定问题　　　　　15 分钟
- 小组讨论　　　　　25 分钟
- 回顾对话　　　　　5 分钟

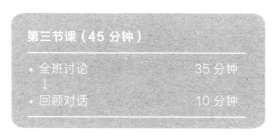

同一个命题分三节课进行讨论。

方法不胜枚举

上文中介绍了哲学对话的基本步骤和方法,然而笔者在学校进行实践时,会参照学校的实际情况(日程、可用时间、参加人数、在哪一科目中进行等),以多种多样的方法去进行对话型授课。下文中就来介绍其中的几种方法。

第一,相互问答法(提问游戏)

以小组的形式进行,以提问为中心进行哲学对话,可以按如下步骤进行:

① 形成 4~7 个人的小组,围圈而坐。

② 事先决定大家想思考的问题。例如:"你能善待所有的人吗?"或者"人为什么会存在?"

③ 给出 10~20 分钟的时间，让每个人思考答案。

④ 让小组中的一个人先说出自己的答案。例如："你能善待所有的人吗？"答："我愿意善待所有人，并且我认为应该这样做。""善待我的人，我也会以善意回报。"

⑤ 其余的人按顺序提问题，例如：A 回答了"我愿意善待所有人，并且我认为应该这样做"，其余的 BCD 对此提出问题："你为什么会这样认为呢？"或"即使对方是恶人你也愿意善待吗？"然后 A 依次进行回答。

如上文所述的简单的问题即可，例如："那是为什么呢？""那是什么意思呢？""可以举个具体的例子吗？""可以普遍化适用吗？""这种情况下要怎么办呢？"

提问者只能提问，不能表达自己的意见和看法。提问的内容最好是回答时需要进行解释说明的，而非简单的"yes or no"二选一。

⑥ 决定安排给每个人的时间（5 分钟左右），先由 A 回答 BCD 的问题，到 5 分钟之后换成由 B 来回答 ACD 的问题，以此类推，每人 5 分钟，共 4 个人，20 分钟即可结束。

这种方法的特点是，即使没有引导者，孩子们自己也可以进行哲学对话。由于人数较少，每个人都有机会发言，也是不错的提问练习。但是要注意避免高高在上的提问方式，以免造成负责回答的人不愿意回答。这种方法也可以用于破冰或热身。

相互问答法的推进方式

第二，人数较多时的授课方法——研讨会方式

笔者时而也会以整所学校或整个学级为对象，进行哲学对话的特别授课（或演讲），对话人数有时会多达二三百人。在大学上大课时的人数也颇为可观。人数多就难免会导致参与度降低，难以形成探究团体。只有一节的特别授课或演讲尤其甚之。在类似这样与展会没什么区别的活动上，很难去切身感受哲学对话的效果。然而即使在这样的情况下，也可以让学生们简单了解哲学对话究竟有趣在哪里。人数较多时，笔者采用如下步骤：

① 介绍什么是哲学对话。解释说明哲学对话的目的、意义、方法和具体步骤。

② 提出问题。提出事先准备好的问题。

③ 小组讨论（全体参加）。4~5人分成一个小组，以小组讨论的形式探讨所提出的问题。

④ 代表讨论。从自愿发言者和指定发言者之中选出10~15人，到台上发言，由引导者负责做主持人，针对所提出的问题进行更加深入的讨论，这里也可以使用社团毛线球。

⑤ 全体讨论。针对代表讨论中所提到的内容，询问全体学生是否有问题或意见，学生代表与全体学生以研讨会的形式进行讨论。

⑥ 回顾性的对话。点名几位学生,让他们说出哲学对话课程的整体感悟。最后全体学生进行自我评价。

这种方法的特点是,前半段的小组讨论中所有人都能对所提出的问题进行思考,后半段则采用研讨会的形式进行讨论。请学生代表上台,在引导者的主导下进行代表讨论,进一步深化对问题的探讨。最后仿照研讨会的答疑环节,包括站在讲坛上的学生,全体进行讨论。

研讨会方式

按此步骤进行实操,至少需要 90 分钟的时间,整体上来看也可以适当缩短。

这种方法即使人数较多也可以操作。学生也能保持精神集中，全程参与到讨论之中。引导者在讲台上示范如何发言和如何表达自己的想法，台下的学生们也能学到推进与深化对话的方法，这种方法在大学的课堂上也一样行之有效。

第三，二重圆法（金鱼缸型）

将学生分成对话组和观察报告组两个小组，轮番进行对话。请参照下图，观察组对于进行后设式对话的学生们的发言进行分析，具体方法如下。

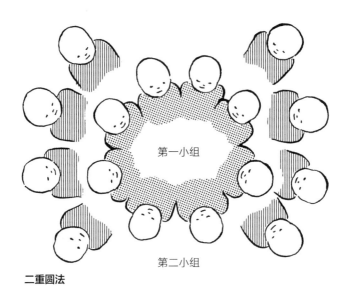

二重圆法

① 一小组围坐成圆圈，正常进行哲学对话。第二小组坐在第一小组的后方，手拿记事本观察第一小组的讨论情况。观察组在记事本上记录以下事项：讨论进展情况如何；哪些发言和提问使讨论更加深入；哪些发言和提问为讨论带来了新视角或改变了话题；引导者是否尽职。

② 第一小组与第二小组交换位置。内侧的人坐到外侧的椅子上，外侧的人坐到内侧的椅子上。第二小组按照第一小组的进度继续进行对话，而第一小组则改为观察第二小组的对话，并以相同的方法进行记录分析。

③ 两个小组的对话都结束之后，开始回顾性的对话。这种方法有两层意义：一是可以通过分析实际的对话，让学生加强反省和分析意识。在回顾性的对话中，学生的后设认知（元认知）会得到提升，这有助于理解是什么样的发言和提问使讨论得到了发展和深化。二是将班级分成两个小组，对于在班级大集体中不太敢于发言的学生来说，在小组中会变得更容易发言。

如何选择课本和教材

要想顺畅地开展哲学对话，选择教材至关重要。如果一开始读的教材不能触发思考，就很难发展成为对话。可以选用李普曼开发的《哲学小说》作为教材，也可以不拘一格地将故事、绘本、漫画、电影等作为教材。20世纪70年代，李普曼开发出了儿童哲学授课用的教材，其中包括小学低年级用的《基尔与瓦斯》、小学中年级用的涉及词义问题的《小精灵》、小学高年级用的《哈里·斯脱特迈尔的发现》、初中生用的涉及伦理问题的《丽莎》、高中生用的涉及社会问题的《马克》等。这些教材都有很厚的配套教学手册，包括解说、练习题和问题实例。

比如，《丽莎》第二章的开头，以互酬性（或称互偿性，即有借就有还）为命题。书中利用小故事来引入借钱之后要还钱，被欺负了要打回去，以及做了好事之后要求回报等问题，从互酬性的角度讨论哪种行为是正当的，哪种行为是不恰当的。遗憾的是，李普曼的教材没有日文版。

笔者参与翻译了沙龙·M·K和保罗·汤姆森（Paul Thomson）合著的《中学生对话式哲学教室》，这本书体现了李普曼式授课的理念。最开始的部分，是与孩子们及同龄的年轻人之间的对话（2~3页左右），对话围绕着某种论点产生了对立和意见分歧。对话之后提出了一些问题，并结合对话的内容介绍了传统的哲学学说。

梨花和佳代子，在一家本地医院的新生儿治疗室做志愿者，两个人都有志成为医生。

梨花：在这里工作，精神上真痛苦啊。经常会看到有的孩子生下来就手足残疾或者智力有障碍，想到这些将伴随孩子一生，有时会感觉他们还不如不出生到这个世界上。

佳代子：不要这样说嘛！即使不完美，也还是活着比较好吧。

梨花：我还是无法理解，医院的教授说过，这些疾病和残疾在孕期里就能被发现，我觉得只要发现了肚子里的孩子有异常，孕妇就应该终止妊娠。

佳代子：（很吃惊）你的意思是要打胎？我反对堕胎。人的生命是神赠予的神圣的礼物。

梨花：对此我无法苟同。人的生命是适者生存的产物。花了几百万年的时间从单细胞生物进化而来的，不适应的就应该……

——选自《中学生对话式哲学教室》的第四章

这本教科书的有趣之处在于，除对话之外，还提出了写作文、写诗等班级和学校讨论之外的表达活动，以及观看电影等课题。此外还加入了"社会活动阶段"的项目。

例如，在其第六章《撒谎一定不是好事吗？》中就提出了"请分成小组，给本地报纸的编辑写揭露政治家谎言的公开信"的课题，在其第九章《什么是歧视？》中也提出了一些参与社会活动的要求，如"请参加一次政治抗议活动""请围绕着与你密切相关的公民权利问题给本地议员写一封提问信""请在选举的投票现场做一次志愿者"。

笔者认为，哲学，尤其是道德哲学，必须与实际的生活密切相关，而不能只局限于学校教育和学术派哲学的狭窄范围内。

奥斯卡·本白尼菲（Oscar Brenifer）的绘本《儿童哲学》系列比较适合相互问答法（日文版由作家重松清监修，朝日出版社出版，2006—2007年）。笔者认为这套绘本颇为优秀。

这套绘本各册中都提到了很多重要的哲学命题，比如"什么是人生？""什么是好事和坏事？""什么是自我？""什么是心情？"各册分别提及一个哲学命题，比如幸福、不幸、存在、人生的意义、死亡等。在幸福的命题中，进而还提出了诸如"什么时候会感到幸福？"等具体问题，并给出了几种解答。

"得了高分的时候。"

"做了好事的时候。"

"等我长大了，有钱了，就会幸福了。"

"交到很多朋友的时候。"

"避免了吵架或挨骂的时候。"

"能做想做的事情就很幸福。"

从中选出一种解答之后，还会有后续的问题，比如选择"得了高分的时候"就会出现：

"那分数低就感觉前途一片迷茫了吗？"

"得高分是为了谁？为了自己还是父母？"

"稀里糊涂得了高分也是好事吗？"

伴随着这些问题，就能更加深入地进行思考，自己为什么在得了高分的时候会感到幸福，而不是在其他的时候。在遵循自己价值观的同时，也随时做好改变价值观的准备，自然就能培养重新审视自我的批判性思维。

这套绘本既可以作为相互问答法的示例，也可以让孩子自己阅读思考。命题和问题选得都很有深度。本白尼菲的书以通俗易懂的形式明确了什么是哲学问答，像书中那样去进行问答就能形成哲学对话。

可用于哲学对话的教材还有本白尼菲的《哲学入门》系列（日文版藤田尊潮译，世界文化社，2011—2012年）。该系列围绕同一个命题去介绍相互对立的思维方式，从而引发读者的思考。例如《好孩子和坏孩子》，一开篇就介绍了好孩子与坏孩子的界限清晰以及界限不清晰两种不同的立场和观点。读者在阅读过程中可以思考自己支持哪一方并说出具体的理由。此外，由布莉姬·拉贝（Brigitte Labbe）和米歇尔·毕奇（Michel Puech）主编的《哲学小点心》系列也是很优秀的教材，其中提出了"快与慢""哭与笑""生与死""知与无知""谎言与真实"等对立的概念，并以通俗易懂的语言去引发思考。教材中包含着很多严肃的哲学主张。读后可以让学生们表达感想，再一起决定想要讨论的问题。

英语和法语的哲学专用教科书出版量已经很可观，日文版的教科书也在不断增多。然而笔者认为，即使没有专用的教材，也可以采用故事、绘本、漫画、电影等形式去进行哲学对话。绘本中就有很多老少咸宜的素材，从幼儿园的孩子到成年人都可以用起来。

本书的读者应该不难看出，从一开始就充满了教训（教化味道）的著作或绘本，很难有增进对话的效果。诚然，哲学对话的内容不受限，即使是看似毫无怀疑余地的主张，哲学对话也一样可以对其提出质疑，从根源上去讨论该主张的妥当性，但是这样的教材毕竟是有明确的主张的，如果需要探讨的主张过于朴素而明确，对话就不会变得丰盈。反之，如果教材中包含着许多个有解释余地的命题，就可以去讨论具体的问题在哪里，或者教材中蕴含着什么样的思想，从而让对话变得丰盈起来。

敢于进行自由对话

孩子大人，一视同仁

也许有人会对笔者所述的对话型教育存在疑问和不安。对于已经习惯了传统的粉笔加口授法（chalk and talk）的教师来说，儿童哲学可能会显得很陌生，尤其是像关于道德的深入孩子内心的问题，很多教师会觉得让学生们自己去探讨不放心。对于还没有接触过对话教育的教师来说，有这样的担忧也是很正常的。然而在笔者不计其数的哲学对话实践中，其实有很多都是讨论道德命题的。与成年人相比，笔者一次也没有感到学生们的讨论会往不道德或不合理的方向发展，反而会感觉学生们的道德判断是"很认真，很符合常识"的（其中也包含着思维模式过于硬化，缺乏灵活性的意思——译者注）。对于哲学对话教育感到不安的典型疑问，笔者将在下文中回答。

首先有人说，对话中肯定会出现难以接受的观点和见解，然而正如笔者所反复强调的，在探究团体中，成年人或教师也必须学会批判性地看待自己。对话有时也许会动摇我们的价值观，颠覆我们的既有常识。在哲学对话中，我们先入为主的观念和陈腐的常识都会受到质疑和挑战，在对话的探讨中得以留存的见解也会变得更加可信。教师即使无法接受学生的意见，也必须去探讨学生的见解是否妥当，思考自己所相信的主张又有何依据。

哲学对话的另一个特点是，将某一个学科的潜规则或默认前提摆到台面上进行讨论。例如，在历史的课堂上进行哲学对话，学生们就会意识到目前的历史表述中其实漏掉了很多看似不显眼的地区和平凡的人，这说明历史并不能平等待人。当学生们讨论这个问题时，就会问到历史科目中选择相应的内容开展教学的依据。这样的问题是历史学的根本性问题，也是"历史哲学"领域中的常见问题。思考历史哲学是历史教师的义务，孩子们在哲学对话中所提出的问题，正是在考验教师有没有履行义务。

探究团体唯一要遵守的规范就是相互尊重，必须做到每个人都能自由发表自己的见解，同时也能尊重其他人的见解。这种流程性的规范也是探究团体唯一应该守护的价值。团队讨论的结果，未必能得出全体一致认可的答案。哲学对话所涉及的问题往往也很难得出唯一的结论。在对话的过程中，没有根据的、适用范围太窄的或者过于偏颇的见解，以及太过于背道而驰的主张，都会被逐渐淘汰掉。经过反复的讨论，提出多元化的见解之后，有理有据的见解自然就会留存下来。其结果，可能会出现很多旗鼓相当的优秀见解，然而少数派的意见也必须得到尊重，但多样性才是理想的状态。

有的教师担心极端的论调会占据主流,其实在探究团体中,只要能确保安心感,极端的观点并没有立锥之地。(笔者目睹过小学生反驳教材中"伟大"哲学家的极端观点,笔者认为这大快人心。)其实所谓的难以接受的极端论调,很多时候只是一些缺乏推敲的主张而已。当出现极端的意见时,如果孩子没有提出质疑,成年人不妨补充发问,如:"这种情况下会怎么样呢?"给孩子以不同的视角去探讨结论的机会。

学会转换视角

探究团体本身的性质,就是讨论稳定性的来源。换言之,谁都能自由表述立场,每个人都受到应有的尊重,必然能造就理性的讨论。如果团队不健全,也就很难形成健全的对话,这不仅涉及内容的不健全,也包括讨论流程的不健全。比如一个班级的同学人际关系有点糟糕,只有一部分孩子在发言,或者一部分影响力比较大的孩子掌控局面,其他的孩子都缄口不言,又或者因为趋同压力成为潜规则,少数派意见、反驳和提问遭到抹杀,这样的一群人无法组成真正的探究团体,讨论也缺乏公平性和多元性,所得出的结论也难免存在偏颇。

引导者的首要职责就是恢复共同体的安心感,让孩子们提出多样化的见解和问题。对于某种主张提出质疑和思考反例,都是探究团体中的重要实践方法,但是如果孩子们还没习惯对话,恐怕就很难做到。这种情况下，应该耐心等待，让孩子们慢慢地去提出疑问和反例。人有时会基于自己有限的经验去提出见解，如果引导者认为某种见解背后的经验存在偏颇，不妨在提问中导入各种不一样的观点。引导者也可以向孩子们提供很多不一样的立场和视角，比如：老人的立场、移民的立场、残疾人的立场、女性的立场、外国的人的立场、某一个少数族群的立场等。

上文中提到了刻意反对和刻意拥护。刻意尝试拥护难以接受的主张，或者刻意与公认正确的主张唱反调。这会使讨论更有活力。负责刻意唱反调的孩子有时也会提出很棒的观点，尽管大家都认为那是难以接受的极端论调，却又提不出任何的反驳或反例。这时，引导者就要努力引导孩子们去发问，去提出反例，如："直觉告诉我这有点奇怪，谁能提出反例或质疑呢？""我觉得难以接受，如果真是对的，结果会怎么样呢？"

总之，笔者希望孩子们能学到的是，对于莫名其妙而又存在偏颇的见解，敢于提出质疑、反例或反驳的探讨能力。而这样的能力在共同体的探究过程中会慢慢培养起来。如果孩子们还没有习惯对话和讨论，作为引导者的成年人不妨先做出批判性思维的表率。

有人认为，在讨论型的教育中，教师很难建立起强大的权威，事实也的确如此。因为孩子自己选题，自己探究，都不是单方面遵从教师的命令，孩子在独立判断和独立行动的过程中形成了独立的人格，换言之，形成了具有自律性的共同体。孩子单方面遵从教师的指示，从人权的角度来看，对于孩子成为民主主义社会的一员也是毫无益处的。联合国教科文组织也指出，无论在文学、自然科学还是社会科学领域，不轻信被动接受的信息，亲自去进行探讨和验证的态度，都是民主主义社会维系与发展所必备的人文素质。不仅如此，即使要创造出新的文化、知识或社会制度，思考力也一样必不可少。

同样，道德教育的目标也是培养能进行独立道德判断的人。如果自己不去思考道德问题，而只是盲目追随大多数人或服从权威，难免会缺乏自律性的道德。平时诚实顺从的人，作为缺乏判断力与反省力的大众的一员，在关键时刻会变得如何不道德，案例不胜枚举。道德教育的目的就在于，削弱教师作为道德权威的地位，让孩子去掌控自律性。教师权威的来源，在于营造并维护每个人都平等受尊重的探究团体。努力为道德判断和行为寻找可以接受的理由和根据，这样的教师才值得尊敬。总而言之，儿童哲学就是要通过对话去培养在知识层面上有自律性的人。

帮孩子进步的评价方式

衡量效果并获得更大的成长

接下来,笔者将论述对话型的授课要如何进行评价。

有的人认为像哲学对话这类的教育根本就不应该打分评价,因为设置评价标准会让鲜活的对话变得索然无味,而且如果以分数来评价,学生可能会故意迎合教师的标准,使态度和思考方式僵化,甚至导致教师的权限过于膨胀,让学生失去对话的安心感。

然而其他科目又未尝不是如此呢?既然其他科目都能打分,为什么哲学对话课就不能打分呢?比如,历史科目就是让学生记住一些琐碎的知识,再以客观的数值化的形式进行考评,只有哲学对话课不允许打分,笔者认为有失公允。其实学习历史不应该只是死记硬背,数学也不应该只是学习机械性计算的方法。历史教育应该引导学生追随着自己的兴趣去发现过去的事实与来历,而数学也应该教会学生如何用数学的方法去理解和预测身边的事物。

所有的学科其实都离不开批判性思维、创造性思维、关怀性思维以及综合判断力，而评价这些也绝非易事。然而评价又的确是自我改善的重要契机，正如没有好的听众就没有好的音乐，没有好的读者就没有好的文学。完全不在乎别人评价的人会堕落到何种程度，我们在社会中已经见过太多的实例。因此，我们必须在确保班级对话安心感的前提下，努力开发帮助孩子成长的较好的评价方式。

儿童哲学的创始人们，在20世纪60年代就已经着手研究如何评价探究团体中的个体表现（Splitter & Sharp，1995年）。具体方法包括：涉及推论技巧的新泽西型测试等"量"的层面上的测定，以及实际参加讨论等"质"的层面上的观察。

关于批判性思维，理查德·保罗（Paul & Lind，2007年）的评价量规（rubric，一个真实的评价工具）已经广为人知。其从九个层面对于批判性思维能力进行评价，分别是：明确性、正确性、关联性、详尽性（四个基本层面）以及公平性、广度、重要性、理论性、深度。批判性思维的评价与哲学对话的评价未必完全重合，然而在评价思考力和对话力这两点上，该评价量规极具参考价值。

此种评价方式有两层意义，一是评测对话型授课的效果。如前所述，对话可以增进思考力这一点已经得到了验证，而通过此种评价方式就可以了解究竟通过何种授课形式才能获得更大的改善；二是，它能增进每个孩子的思考力和对话力的发展。

确认孩子的对话感想

如果只是评价孩子书写的内容,而不去评价对话本身,就会容易得多。比如,哲学对话结束后,可以让孩子结合对话主题和内容写出自己的想法。实际上,关于论述的评价方法在教育学中已经有了大量的累积。在哲学对话中,可以评价文章中所包含的批判性思维、创造性思维和关怀性思维的要素。

批判性思维

可以从说明(是否给某个词下定义,是否明确其含义)、分析(是否将复杂的事物分解成具体要素;是否进行了比较和对照;是否对问题进行了适宜的分类;分类是否正确)、理论性(讨论过程是否有理有据;是否合理使用了演绎和归纳;是否有理有据地进行了反驳和批评)、反省性(是否在讨论中检查并修正自己的观点)等方面进行评价。

创造性思维

是否提出了新思路,建立了新假设,是否提出其他可能性或替代性方案,是否运用了想象和比喻,是否联想到了虚构的事例,是否拓展了思路。

关怀性思维

是否理解所讨论的内容的价值,是否尊重别人的反驳和质疑,是否能站在别人的立场看问题，是否考虑到自己和其他同学的感情，是否意识到自己的发言对其他同学的影响，是否关注全小组讨论的成果，对于别人的发言和小组讨论是否进行了补充和深化，是否合理地评价了别人的发言。

不妨以此为标准，去评价孩子写下的课后感想。

评估要点

然而，以上只是评价了孩子写下的感想，并没有评价对话本身。这对于擅长说而不擅长写的孩子也是不公平的。即使擅长写，更积极地参与到对话中也终究是好事。对话是动态的，不同于静态的书面感想，有时还会走弯路或停滞不前。与书面感想相比，对话的理论性也更难以评价。评价对话时要注意评价以下几点：

参与度

发言（包括提问和反驳）次数、是否向其他学生提问或发表意见，是否有提高讨论深度的发言，当对话停滞不前时是否能换个方向和角度去思考并进行发言。

协作度

有没有一边听别人说话一边思考（包括语言和非语言两个层面），能否站在别人的立场上进行发言；有没有为别人的发言助推或助力;是否促成了其他学生的发言(包括语言和非语言两个层面);能否结合其他学生的发言进行讨论。

以上这些都是讨论过程中的发言和行动,不会付诸纸面,需要在鲜活的对话中给予评价。如何评价进行中的对话是一个难题,目前也还没有完美的评价方法,只有一些卓有成效的先例可供参考。例如,笔者在上文中提到的新加坡莱佛士书院(Raffles Institution),采取的是由多位教师暗中观察学生们的对话情形的评价方式,这可是一个浩大的工程。只由一位教师进行评价时,不妨将对话内容录音或录像,在回放时记下讨论中的各项要素并进行分析。费舍尔(Fisher,2008 年)提出了如下的评价方法。

① 回顾整个讨论过程,分析每位学生的发言特征。
② 回顾整个讨论过程中的某一项具体讨论。
③ 回顾整个讨论过程中某一个学生的发言。
④ 确认谁发言几次,性别比例如何。
⑤ 分析教师和学生的发言比例。
⑥ 找出谁的发言是讨论的转折点。
⑦ 在对讨论的流程进行分析时应注意以下几点:

- 讨论的焦点、目的和主题各是什么?
- 在整个讨论过程中如何定位某一项具体讨论?
- 谁的发言对整体走向起到了引导作用?是教师还是学生?
- 谁的发言让讨论的整体走向得以延伸?

- 谁的发言成为讨论中的转折点？
- 有没有包含着参与度、协作度、批判性思维等可评价要素的发言？
- 与其他讨论流程相比较，个人或集体的讨论是否有进展？
- 个人或集体在本次讨论中有何收获？
- 这项讨论符合、超出还是低于授课的期望值？
- 通过这场讨论，作为教师的你有没有获得什么启示？

如果说评价能促进学生的成长，那么学生就必须接受评价，并根据评价去思考如何改变自己去迎接下一节课及其课题。如果孩子和家长对该评价不认可，就会对授课内容和教师失去信任感。对此笔者推荐以下两种解决方法。

第一种方法是，评价本身就采用对话的形式。

学生们学到了什么，怎样才能取得更大的成绩，师生共同探讨。对于学生来说，这远比单纯的打分和评级更为有效，这早已得到布莱克和威廉姆的证实（Black and William,1998）。如果教师给学生打完分就万事大吉，学生就会只关心分数，而不会去回顾活动本身。笔者推荐打分加提意见的对话式评分法。对话式的评分不仅能给学生带来创造性的反馈，还能给予学生了解如何深化学习的机会。对话式的评分可以以非竞争、非权威的方式去支援学生的学习。

第二种方法是，自我评价与相互评价相结合。

儿童哲学的指导书籍中也推荐了学生自我评价与学生之间相

互评价相结合的方式。莱弗蒂和格里高利（Laverty & Gregory, 2007年）编制出了如下文所示的哲学对话自我评价表。自我评价有利于促进自发性探究，让学生正确定位自己的能力，并在自我修正中成长。比如评价项目D，其特点是站在更高的立场上将课堂所学与教育和学习的评价相结合，让学生们将所学的知识与生活态度以及社会改良联系起来，而不止局限于课堂内。

学生之间的相互评价也是很重要的方法之一。学生之间依据一定的标准进行互评，哪里表现得好，哪里需要改善，互相给出反馈。上文中所提到的费舍尔，就尝试了在九岁儿童的班级里基于以下三个原则进行对话式的相互评价。

① 尊重其他学生，不否定他人。
② 大胆说出其他学生的优点。
③ 提出如何做得更好的建议。

莱弗蒂和格里高利的教室对话评价表		
低于期望值	符合期望值	超越期望值
（1）（2）	（3）（4）	（5）

评价提问A：探究的认知能力
1. 你如何评价自己所做的推论？（1）（2）（3）（4）（5）
2. 你认为自己的思考有创造性吗？（1）（2）（3）（4）（5）
3. 你是否公平地考虑到别人的想法？（1）（2）（3）（4）（5）
4. 你是否对自己的想法做了修正？（1）（2）（3）（4）（5）

(续)

莱弗蒂和格里高利的教室对话评价表		
低于期望值	符合期望值	超越期望值
(1)(2)	(3)(4)	(5)

评价提问 B：探究的社会能力

5. 你是否认真听别人讲话？(1)(2)(3)(4)(5)
6. 你对班级对话的贡献度如何？(1)(2)(3)(4)(5)
7. 你是否促进了对话的进程？(1)(2)(3)(4)(5)
8. 你是否尊重并照顾了别人的感受？(1)(2)(3)(4)(5)

评价提问 C：探究的成果

9. 探究的进度如何？(1)(2)(3)(4)(5)
10. 你对教材的理解程度如何？(1)(2)(3)(4)(5)

评价提问 D：关于教育与学习

11. 你是否认为你们的对话有助于课堂的民主实践？(1)(2)(3)(4)(5)
12. 你是否思考了人种、性别差异与社会阶层之间的关联？(1)(2)(3)(4)(5)
13. 你在何种程度上意识到了学习方法和个人观点的差异？(1)(2)(3)(4)(5)
14. 你能正面对待社会正义和教育改革的问题吗？(1)(2)(3)(4)(5)

如果还想让评价标准更细致一些，可以参考以下这些项目，既可用于评价某一位学生，也可用于对小组和全班进行评价。

是否提出问题

有没有多提问题并提出好问题？提出了哪种问题？不懂的时候有没有主动提问？

是否参与讨论

有没有对别人提出的质疑和意见给予回应？对话的过程顺利吗？是否谈及不懂的地方或者依据和证据不足的地方？在话题停滞不前时，有没有提出改变方向的发言？

聆听别人讲话

有没有认真听其他同学讲话？是否回应别人的发言并提出问题？

积极发言

自己的意见有没有表达出去？自己的好点子有没有说出去？发言时有没有考虑到词义和定义？有没有注意支撑自己发言的理由和根据？大家都能公平发言吗？

主动反省

经过讨论，想法有没有改变？从讨论中学到了什么？你认为讨论今后会向何种方向发展？你感觉这次讨论的命题和问题怎么样？

笔者认为重点在于，对于对话活动的评价，不能等同于对每个人，乃至对每个人具体能力的评价。哲学对话需要探究团体去共同协作，其目的在于，每个人都作为共同体的一员参与其中，大家一起去打造出优秀的讨论，因此不能只评价个人，还要评价整个共同体是否达成了既定目标。讨论是否顺畅、有哪些好的观点、有哪些需要改善的地方，都要求全组或全班一起去探讨，相互评价。哲学对话不仅能提升个人的思考力和对话力，同时也是一个构建共同体的过程。评价小组整体状态的方法，笔者目前是参照二重圆法中的相互评价法去进行判断，但是笔者认为此方法尚有改善的余地，将作为今后的研究课题。

将对话导入各学科中

上文中介绍了在探究团体中进行哲学对话的具体操作方法,那么具体应该如何安排到学校的课程中呢?笔者在日本的学校进行哲学对话实践时,会在多门科目中进行授课。综合学习课(日本中小学校的一门官方课程,其内容为让学生根据兴趣和关注点去寻找课题并尝试解决,其宗旨在于让学生自发性地去学习、创造和思考。——译者注)和道德课原本就适合哲学对话,而在语文、理科、社会等科目中,笔者也做了一些探索。

在日本的学校里,最靠近哲学的科目应该是高中的"伦理"和"现代社会"这两门课。哲学与经济、政治等高中教学科目也有着显而易见的关联性,其实这些科目都已经在开展某种类型的讨论型授课,因此要导入哲学对话并不难,哲学与初中和高中的社会系科目也很搭配。

如上文所述，哲学教育希望培养的是学生的思考力、判断力、表达能力和沟通能力，而这些能力与各学年的各学科多多少少都有一些关联。尤其是近年来，日本的文部科学省提倡在所有的科目中都加入语言活动，以培养现代社会所需要的思考力、判断力和表达能力，对此笔者颇为认同。而哲学对话也可以看作语言活动的一个环节。笔者正在与初中和高中各科目的教师合作，共同开发哲学对话的新模式，同时也致力在日本小学的各学科中导入哲学对话的教学方式。

哲学对话的最大特征是，原本针对某个科目的主题去开展对话，过程中却必然与其他的科目和领域产生关联。哲学的特点是，整理这些相互关联的对话内容的同时，还要注意避免在讨论中丧失这些关联性。以下对话节选自孩子们以"动物与人有何区别"为命题所做的讨论。

T（教师）：认为人与动物有很多区别的同学，请再举一次手。有人能具体说说都有哪些区别吗？

S（学生）1：动物不能像人一样说话，所以我们很难理解动物的心情和感受。猫和狗多少还能通一点人性，像鱼和虫之类的动物我们就完全搞不懂了。

T：原来如此，其他同学怎么看？

S2：我觉得动物不一定不会说话，它们很可能是以人类听不懂的声音在交流。鸟在森林里叫，就有可能是在说话，只是我们人类听不懂而已。

S3：动物和人一样都是活物。猫和狗高兴了就会摇尾巴，和人一样是有感情的，而且可能像刚才 S2 说的那样，我们只是听不懂动物在说什么而已。所以我也认为人与动物并没有太大的区别。

T：原来如此，第一位同学的意思是，人与动物的语言不互通，第二位同学又提到了动物也有感情。还有其他的意见吗？

S4：刚才提到了语言、感情之类的，但是我觉得即使某种动物没有感情，也可能有某些其他的特长。

T：这位同学的意见怎么样？老师没看出来跟前三位同学的意见有什么关联。可以这样理解吗？语言和感情是人独有的，动物即使没有语言和感情，也会有其他的某些特长。

S4：不是这个意思，我是想说，人和动物各有所长，比较本身就没有意义。

T：人和动物各有所长，所以才存在差异，比较是没意义的，可以这样理解吧？那我们是不是要站在动物的视角上才能真正理解动物呢？大家思考一下，我们要怎么做才能站在动物的视角上呢？

（……沉默）

S4：人永远也没办法变成动物，很难站在各种动物的视角上，所以我觉得应该从第三者的视角上去审视人与动物在语言和行为上的差异，人的视角或动物的视角都是单方面的，我认为都不可取。

T：明白了，明白了。同学们还有其他的相关发言吗？

（……沉默）

S5：我觉得动物原本就具备各自的能力和特性。比如大猩猩的力气超大，鳄鱼的咬合力超强，而人类作为灵长类动物，智力比较发达，会自己造很多东西，然而这也只是因为人类在智力方面的能力得到了发展而已，其他的动物也都各有所长,并且也都在发展它们各自的能力。

S6: 我的意见和 S5 很相似。人类是因为有了知识和智力才得以繁荣。但是人类原本也是一种动物啊,只强调自己聪明也不对吧。

T: 你的意思是,人类不能自作聪明,以为自己高高在上对吧?

S6: 是的。

S7: 人类认为自己高高在上是理所当然的,如果不这样认为,动物和人岂不是就完全对等了?说我跟一只小虫子完全对等,我才不同意。

T: 原来如此,说自己跟虫子一样就会感到很不高兴。刚才不是有同学说有的动物也是有感情的吗?

S1: 对啊,猫和狗高兴时都会摇尾巴。

T: 也就是说动物也要按会不会表达感情分成两大类?比如虫子就不会表达感情?

S8: 虫子被大型动物袭击的时候也会向同类传达危险信号吧?

T: 原来如此。

S9: 我觉得人和动物能不能同等看待是一个问题,找出人与动物的相同点和不同点又是另外一个问题,不能混为一谈。前者是一个价值判断,后者则是从第三者的视角上审视人与动物有什么区别或者某种动物会不会表达感情。

T: 原来如此。大家都理解这位同学的意见了吗?可能有点难度,但是也算新发现吧。人与动物有很多相同点和不同点,但是这与能不能平等看待是两码事。

(2012 年,在日本埼玉县某初中一年级的课堂上)

这里的讨论主题其实是人与动物的差异究竟是在质的层面上，还是在量的层面上。在讨论中有了几项很重要的发现。比如思考动物与人的差异和共通点时，应该站在何种视角上？有人说不站在动物的视角上就不能与人作比较，又有人反驳说人是不可能站在动物的视角上的。还有人认为，人类发展了智力，而动物们也都各自发展了其他的特性，不能以人类的标准去衡量。后半段的重要观点是，在将动物与人作比较时，除了客观的类似和差异之外，还涉及人与动物究竟是否完全平等的价值观问题。将动物与人作比较，也许本身就具有一定的价值导向。而学生们通过讨论发现了这一点，并且理解了动物与人的区别不仅是生物学和人类学层面上的问题，还涉及伦理和道德。

想必读者也已经意识到，尽管讨论整体有些错综复杂，不容易理清头绪（成年人的对话其实也是一样错综复杂的），却包含了很多值得更进一步深挖的有价值的命题。只是对人与动物作个比较还不能算是哲学对话，还要去思考问题本身的性质，以及怎样才算回答了问题。换言之，哲学对话能为命题带来反省的视角。从心理学的角度来说，就是导入了后设认知（或称"元认知"）的视角。（后设认知即对认知的认知。例如，学生在学习过程中，一方面进行各种认知活动，包括感知、记忆、思维等，而另一方面又要对自己的各种认知活动进行积极的监控和调节，这种对自己的感知、记忆、思维等认知活动本身的再感知、再记忆，再思维就称为"后设认知"或"元认知"。——译者注）

在下文中，笔者将思考各学科与哲学对话有何关联，哲学对话对于各学科有何意义，探讨如何在各学科中导入后设认知的哲学视角。

语文（日语）

日本的语文教科书中充满了哲学对话的素材。在语文的课堂上导入哲学对话的要素并不难，笔者也认识多位致力实践的教师，尤其是某一个领域的教材如果采用议论文的形式，则更适合哲学对话。

那么文学素材呢？笔者有时也会把故事当作哲学对话的素材。然而哲学对话未必能符合语文老师授课的初衷。

日本有一个著名的童话故事叫作《阿权狐狸》。这个故事中蕴含着很多哲学命题，可以进行不同的解释，是不错的素材。从中可以联想到善良、罪与罚、误解与偏差、友情、后悔等心理学主题，以及义务、报复、偿还、动物与人类的关系、趋利避害、沟通交流等社会学主题。只要让孩子们慢慢地去进行自由讨论，就一定能挖出这些主题。由此去发问并进行哲学对话，对孩子是大有益处的。通过哲学对话，不仅能洞察登场人物的心境和想法，还可以针对所提出的命题进行自由的讨论。

以故事为素材让孩子进行哲学对话，孩子从一开始就会以鉴赏者的角度去评价作品，提出一些深层次的文学观点，例如："为什么阿权狐狸懂人类的语言呢？""狐狸是不会这样做的吧？""大家都在说狐狸的心情如何，我们怎么可能理解动物的心情呢？"孩子们时而会去质疑和讨论作品中的世界观设定与现实之间有多大的偏差。也许在语文课堂上，教师并不想让学生们有深层次的文学批判思维，只需要站在登场人物的视角上去找出故事的内在共鸣就好。（然而这样的解读方式却无法理解文学作品的优秀程度，而且在文学作品中，作者本身的意见也时常是以批判的形式在作品中登场。换言之，文学本身就蕴含着某种后设式的虚构，比如莎士比亚的作品即是如此。意为莎士比亚的作品是半真实半虚构的，是在后设认知，即"对认知的再认知"的基础上进行的虚构。——译者注）

哲学对话中并不存在禁止提问的问题，而文学阅读的视角也是自由的，并非只有理解登场人物的心情才是正确的文学读法。哲学对话有时也会从故事内在的角度去进行讨论，但是一般情况下不会始终停留于内在的视角。在本章开头援引了以"动物与人类的区别"为主题所进行的哲学对话，如各位读者所见，哲学对话中总是会出现从原有问题的外部出发的问题和见解。要进行文学主题的哲学对话，就必然会跳出作品的条条框框，进入后设虚构视角。由于哲学原本就是反省性的思考，这也就不足为奇。随着讨论的深化，就必然会有人提出诸如"这个故事里的动物为什么能理解人类？""这本书的作者究竟想要表达些什么？""无法认同这个结尾"之类的问题。即使在幼儿园以绘本为素材进行哲学对话授课时，也会有孩子提出类似的问题。这说明孩子也能看出文学作品是虚构的，与现实不可以混为一谈。

至于说"狐狸懂不懂人话这个问题,跟语文无关,语文课上只要理解人物的视角即可"诸如此类硬要以学校教学科目的界限去切割现实世界的本末倒置的态度,孩子是不会认可的。如上文所述,哲学对话的特点正是要去打破学科和专业领域的壁垒(也可以引申至打破社会上人与人之间交流的壁垒)。世界上的万事万物,都不会贴上"专供专家研究用"之类的标签。按照科目和专业领域去区分问题,只能反映出世俗的狭义"切割"与划分。哲学不允许有这样的人工硬性"切割",哲学就是要突破专业领域的壁垒去进行思考。哲学对话可以去探讨作者的创作意图,甚至可以去探究该作品究竟是否体现了作者的创作意图。从这个层面上来看,哲学对话可以培养孩子的深度认知能力。

社会

政治、经济、法律、伦理、现代社会等社会科学类的科目都很适合哲学对话。实际上,政治哲学、经济哲学、法律哲学、社会哲学这些领域早就已经存在。这些领域中的基本概念都很适合以哲学对话的形式去进行探讨。比如政治中的自由、平等、权力、民主主义等概念,也都是很热门的哲学命题。只要举出与教科书相关的现实中的事例,并提出问题,就很容易发展成为哲学讨论。那么地理和历史呢?

如果历史只是为了记忆而留存信息,那就可能离哲学很遥远,然而历史中其实也蕴含着很多的哲学命题。历史并不是过去发生的事件本身，也不是记录了人类过去所有事件的流水账。历史表述即使是基于客观的事实，也会从无数的事件中进行取舍和筛选，并重新构建起有起承转合的故事。换言之，历史就是以事实为题材的故事。因此哲学对话中可以提出如下的问题。

- 历史是否涉及过去的各种事件？
- 历史中没有记录的过去是什么样的？
- 教科书中都收录了哪些类型的历史事件？
- 历史教科书中有你和你的家人吗？如果没有，是因为什么？
- 历史是由谁写的？
- 谁会希望把某个历史事实写到教科书中？
- 我们对历史应该了解到何种程度？
- 我们都能通过哪些途径去了解过去发生的历史事件和历史事实？
- 不同的视角是否会导致不同的历史表述？
- 了解历史有何意义？又有何作用？
- 人类为什么要记录和保存历史？
- 历史始于何时？又将终于何时？

这些都是历史哲学的问题，结合历史事实去进行讨论，就能成为很好的哲学对话。且不论孩子们能获得多少关于历史事实的信息，让小学生讨论历史问题其实是完全可行的。从后设视角去解读教科书，就能培养出敏锐的历史认知和素养。

孩子们也可以根据资料比较不同立场的各方如何看待同一历史事件。比如戊辰战争（日本幕末时期，倒幕派与幕府之间发生的一场战争——译者注），比较基于各种立场所记述的历史资料，就能厘清各派立场之间的利害关系以及各派所信仰的理念与价值。有一部分势力也许压根就反对称之为"戊辰战争"，当时甚至有的人不认可自己所处的时代是"明治时代"，对戊辰战争的范围和意义的定义也在发生变化。那么我们应该以何种观点和态度去记述历史呢？笔者认为我们应该站在超越历史的后设角度上，去反省究竟什么是历史记述，哲学会带来反省式的思考。

哲学对话的特点就是蕴含着从后设视角、从外部视角去评价教学内容的态度。在文学题材的哲学对话中，我们站在主人公视角的同时，还会意识到这是一个虚构的故事，而在历史题材的哲学对话中，我们将其视为实际发生过的事件，同时也会意识到这是由谁重新编成的故事。哲学会让人反省，也会给人带来从外部审视的全新视角。

我们作为特定的共同体的成员，在特定的场所和习俗中繁衍生息。换言之，我们要在共同体的火炉边为自己取暖。而哲学正是要让我们摆脱这个火炉，对于共同体的理想形态以及固有的习惯和习俗进行反省和批判性的思考与审视。所谓思考，就是要将被思考对象置于一种新的关联之中，使其产生不同的意义。对自己以往视为金科玉律的事物进行重新思考，这就意味着与自己所属的集体和家族拉开距离，离开自己原本取暖的火炉，走出自己的舒适区。思考总是具有批判性的，而思考者放弃舒适区也是在所难免的。具体到历史和文学的领域中，儿童哲学能让我们跳出只学习历史事件和历史教训的舒适区，将历史由谁记录、由谁传承、由谁编写视为批判性的思考对象。

在日本的历史教育领域中，已经有一些教师在尝试讨论型授课（加藤公明、和田优编，2012年）。笔者认为，如果能在历史教育中融入哲学对话，必将会使课堂变得更有深度。如果说对于历史的关心是出于探寻自己的来历，那么历史教育就应该教会孩子如何去调查自己感兴趣的那一部分历史。而人们真正关心的那一部分历史，未必就会写在历史教科书里。目前日本的历史教科书中所记载的历史事件，无非是对已经接受现有历史观的人们所关心的那一部分历史进行了再生产而已。就如同电影《课室风云》中对法语语法不感兴趣的孩子一样，日本的孩子也未必对日本的历史教科书感兴趣。那些自己完全不认识，与自己完全无关，甚至践踏过自己的家乡和祖先的历史人物和他们的故事，孩子为什么非得去记住呢？

与历史一样，地理也可以成为哲学讨论的对象。以下列举出关于地理的哲学问题示例：

- 我们为什么要学习地理？
- 什么是自然之美？
- 你希望生活在什么样的地方？
- 你所居住的社区存在什么问题？你认为应该如何解决？
- 怎样才能让社区变得更好？

- 家人、朋友、社区、国家、世界，你认为应该把哪一个放在首要位置？
- 什么是自然，人类与自然应该如何划清界限？
- 在某一个具体的区域内，人与自然应该如何和谐共处？
- 我们为什么要保护自然环境？
- 哪些本地文化和习俗是必须尊重的？哪些可以移风易俗？理由是什么？

要回答"怎样才能让社区变得更好"这个问题，就必须从了解自己所生活的社区开始。我们要如何掌握自己居所的特点？判断居所好坏的标准是什么？具体应该聚焦于哪一个点？如何采取行动？什么才是好的居所或理想的居所？改善我们的居所与改善其他场所有什么相同点和不同点？以这样的形式学习地理学，孩子就会在思考时与自己的生活建立关联性，进而探究生活在某个地方的意义，并且意识到地理不再是与自己无关的课本教条，而是与人生经营和生活密切相关的知识。

提出这些问题，可以让孩子把原本死记硬背的历史和地理置于自己人生的高度，并与其他科目和知识产生关联，为其赋予意义。哲学将知识视为精神食粮，而非简单的获取信息。

艺术·音乐

艺术和音乐也是很适合哲学对话的。艺术无论是鉴赏、创作还是表演，都要求孩子拥有丰富的感性，是充满多样性的体验。艺术作品中所蕴含的冒险要素能为我们带来全新的经验。实际上，日本的一些美术馆和博物馆已经开始进行咖啡哲学沙龙的尝试。笔者的同仁也在尝试带孩子去美术馆进行哲学对话实践。对话的具体步骤如下：

① 先给出自由欣赏作品的时间（作品包括绘画、雕塑或艺术表演）。

② 以小组或班级为单位，尽可能从各种不同的视角去讨论对作品的印象、感想和解释。

③ 出示作品的相关资料（题目、创作者的语录、各种记录），让孩子思考与自己的印象和感想有何关联性。

④ 产生共通的问题之后，大家一起讨论。

例如可以列举出如下问题：

- 这部作品希望表达什么？
- 这部作品美在哪里？妙在哪里？
- 这部作品中蕴含着什么样的创意？
- 这部作品经历了什么样的创作过程？
- 这部作品向我们抛出了什么样的问题？
- 这部作品与我们的日常生活有哪些关联？
- 我们需要艺术吗？有必要在学校学习艺术吗？

在从鉴赏到哲学对话的过程中，孩子了解了关于作品的各种感想和解释，加深了对于艺术的理解，从而更好地去进行艺术鉴赏和艺术创作与实践。接下来还可以讨论更多的哲学问题，比如："什么是美？""什么是艺术？艺术有什么意义？""我们为什么要创作艺术作品？""艺术和娱乐有何区别？""作品的意义究竟应该由创作者决定还是由鉴赏者决定？"

不妨带孩子去附近的美术馆，站在一幅抽象画前，让孩子探讨作品要表达的内容以及对作品的印象。孩子一开始可能只谈到单纯的印象，有的孩子会觉得很晦涩难懂，失去兴趣，此时不妨追问，究竟难在哪里？无趣在哪里？让孩子们相互发表意见。出示关于作品标题和作者语录的信息，让孩子思考作品与标题之间的关系，以及作者为何采用这种表达方式。通过讨论，让孩子加深对于艺术作品的思考与理解。

体育

体育是一项大家喜闻乐见的重要文化活动。体育不仅能让我们体验到身体之美，同时还包含着构建人际关系、规则与自我管理、共同性等道德要素。体育和体育运动，是哲学命题的宝库。在日本的实践中还可以加入武道和格斗技。

体育固然需要大量的实用技巧，然而在一本始于网球训练方法的教练理论书籍（教练精选书籍系列，Discover21）中，作者却主张教练活动的核心在于对话与交流，能引发爱训者思考的提问尤其重要。

例如,围绕着以下这些问题进行哲学对话,就能更好地理解体育和体育运动的意义与方法:

- 什么是体育?
- 学校的体育教学有什么意义?
- 人的身与心有什么联系?
- 体育运动为什么受欢迎?
- 团体竞技与个人竞技各有什么好处?
- 体育对于人生有着什么样的意义?
- 什么是公平竞争(fair play)?
- 体育为什么要有规则?
- 体育与社会(地区、国家)之间有什么联系?
- 好的体育选手都是什么样的人?
- 应该如何去建立一支体育团队?
- 男女应该比赛相同的竞技项目吗?

在班级活动中围绕这些主题进行讨论也一样行之有效。不妨让孩子们探讨体育对于自己的生活有什么意义。教师也可以以一名参与者的身份参加讨论,说出自己坚持体育运动的理由,探讨体育对于人具有何种意义。每个人对于体育都有自己的认知,也不存在唯一正确的答案,孩子们可以通过聆听同学和老师的观点,思考课外体育俱乐部活动的深层含义。

在体育俱乐部失去凝聚力，变成一盘散沙，或产生问题时，包含深度发问的对话也同样可以有效地解决问题。无论对于整个课外体育俱乐部，还是对于某个人，征求学生们的意见都是有意义的。创造出自由地讨论训练方法和团队理想形态的机会，是很重要的教育场景，也会让体育变得更有趣。

算数·数学

数学也是一个充满哲学问题的领域。传统的和数学只需要反复做练习题，掌握获得唯一正确答案的技巧即可。只要掌握计算方法，就能找到事先定好的答案，然而这种传统的思维模式也面临着两种批判。

首先是在理论层面上，让孩子自己理解问题，自己提出假设，再与小伙伴一起解决问题的教育理论逐渐普及，具体到数学教育上来说，不能再单纯地教孩子知识，让孩子反复练习，而是要让孩子学会在探究与反省的过程中解决数学的问题。

其次，随着计算机的发展，只擅长单纯计算的人在社会上已经没有立足之地。只要使用电脑或计算器，谁都可以轻松地进行计算，速算技能自然就被历史所淘汰了。因此，今天的数学教育，比以往更加重视对数学概念、问题和方程式解题的深度理解，以及解决问题所需要的创造性思维。

哲学对话也可以讨论数学基础论之类的深度话题，但是在此之前，笔者认为下列的问题更值得思考。这些问题不仅定义了数学，同时也与我们的生活密切相关：

- 什么是数学？
- 数学有何用处？
- 数学要如何应用到我们的日常生活中？
- 数学难在哪里？
- 数字真实存在吗？
- 数学究竟是一种发明还是一种发现？
- 数学比其他科目更重要吗？
- 每个人都能学好数学吗？

在课堂上问学生数学难在哪里，这本身就是一种很耐人寻味的教学方法，用语言去表达难在哪里，这本身其实就很难。大家一起讨论，找出难点和难以认同的点，对于加深理解数学概念和实际运算起到重要的作用。学生不能只是处于单方面获取信息的白纸状态。理解有困难，是因为学生已有的思路与新学会的数学思考产生了冲突。学习新的数学概念和数学演算，就会获得新的经验，而新经验又会带来新的思考。花时间去思考为什么难解，也是不错的思考训练。然而需要注意的是，不能让孩子感觉自己是因为做不出来题而受到责备。教师平时就要告诉学生，不懂和不会是家常便饭，明确自己难以理解的点，并分析究竟难在哪里，这本身就是很重要的思考训练，对于提升数学能力至关重要，而教师也应该分析真正理解数学究竟有多难，自己在哪些方面理解得还不够。

理科·科学

笔者在上文中提到了儿童哲学和科学教育的专家提姆·斯普罗德（Tim Sprod），他尝试将儿童哲学的方法导入到科学对话中（Sprod，2011），关于在科学教育中引入哲学对话的意义，斯普罗德的看法有两点：

第一点是，所谓理解，并不是接受教师单方面的讲解，而是一个自发构建的过程，进而将所理解的内容在更广的层面上与日常生活相结合。科学教育中的理解亦然。然而，学生在构建科学概念的过程中，难免会出现误解和错误。因此必须使构建的过程可视化，并由教师负责进行监督。在对话的过程中，才能发现每位学生的理解是否存在问题。

第二点是，现代的科学教育并非在于培养少数的科学精英，而是要让普通的公民也具备科学素养。传统的科学教育俨然就是一个选拔理科精英的过程。然而现在的我们，对于科学技术与社会的关联性，已经有了不同于以往的思考和认知。只要交给专家，科学就自然会进步并且反哺普通人，这样的思维已经显得陈腐落后。专家的行动往往会受专家小圈子的利益和闭塞狭隘的关注范围所限制，这就导致专家很容易藐视普通人的利益。他们的研究经费出自公民的纳税，但是他们却并不会为公民的利益着想，甚至有时还会将研究经费用于违反公民利益的用途。

学校为了高效开展教育，会倾向于把科学知识一股脑灌输给学生，这样可能会让学生失去对科学的兴趣。大多数学生都无意成为科学专家，却要违背自己的意愿被强迫灌输一些自己完全不感兴趣的科学知识，最终导致学生谈科学色变。结果，大多数学生到毕业都无法理解理科和科学教育的意义何在，亟须掌握对科学进行批判性思考的科学素养。

以下是具体方法，前五个步骤与上文中所述的哲学对话基本形态一致：

① 围圈而坐，组成探究团体。
② 一起读科学教材。
③ 讨论疑问点，共同决定对话的问题。
④ 选定问题。
⑤ 进行讨论。

接下来按科学教育的方向去发展，就要根据⑤的问题去建立假设，可以建立多个假设。

⑥ 如何验证假设，讨论实验的设定方法。
⑦ 进行实验，并根据其结果再次进行讨论。

斯普罗德还指出，最开始的教材可以是这样的小故事："几个小伙伴聚在一起，谈论上周末都做了些什么。Sara 说自己跟家人一起坐了小帆船。小伙伴们问 Sara 有没有晕船，Sara 回答说船是有点摇晃，但是一开始并没有晕船。但是后来进了船舱，看着桌子上的玻璃杯晃来晃去的，刚一吃午饭就开始晕船了。小伙伴们提议，在杯底放上点什么就不会滑了。于是 Sara 想，在母亲生日那天送给母亲可以固定杯底的小礼物。"

上文选自真实的教材，教师不妨确认一下学生的兴趣点和关心点，比如：为什么进了船舱就更容易晕船？人究竟为什么会晕船？玻璃杯在船舱里的桌子上是怎样动的？在杯底贴上什么就能让玻璃杯固定住？让玻璃杯保持不动就会变得安全吗？这就是在日常生活中寻找科学问题的练习方法。例如可以将命题定为"Sara 应该买什么？"让大家一起讨论："从市面上有售的商品中如何选择？要证明能让杯子固定住，需要做哪些实验？如何模拟出与船舱里一样的状态？"最后进行实验。这与其说是哲学，更像是对话型的理科教育，在提问的过程中包含着哲学的判断。

日本的理科与科学教育专家吉冈有文（目前在日本的立正大学任教）提出了在理科教育中导入真正的对话。传统的理科教育中也会采用"对话"的形式，然而那只是由已经掌握了科学知识的教师自上而下传达给尚未掌握科学知识的学生。也有重视学生之间对话的授课形式，然而也是由教师掌控着唯一正确的答案。类似的授课形式还跳不出教师单方面向学生传授知识的框架，还不能称之为真正的对话。

而吉冈老师所推崇的，则是师生共同讨论自然中的事物和现象，师生平等协作，共同学习的教育形式。真正的对话只有在共同的探究中才能成立。对于学生希望学习的内容，教师一开始也未必有足够的知识储备。教师的职责在于设置学习的场所，作为科学探究的同伴者参与其中。笔者认为吉冈老师所提出的方案与斯普罗德的科学对话有异曲同工之妙。理科教育可以对各种不同的命题进行共同探究，导入有哲学元素的对话。

道德

道德和伦理具有不同于其他科目的特点。与特定领域的知识相比，道德和伦理是一门以人生本身或生活整体为主题的科目，因此学科要求也不是去获得某种知识，这样的科目也很难成为定量评价的对象。

此外，伦理与道德本身也是哲学的重要命题之一。我们所进行的哲学对话其实很多都是关于道德的内容。例如笔者进行哲学对话实践的学校，会将"校规""校园霸凌""善意""善恶的标准"等列为长期不变的候补议题，孩子其实也很希望讨论这些问题，很想知道自己今后应该如何生活。

那么道德教育的意义何在呢？如果是为了让学生在社会上的行为符合道德标准，那么教师要做的事情恐怕就太多了吧。笔者在上文中介绍了《中学生对话式哲学教室》，书中不仅有在班级和学校开展道德教育活动的示例，还鼓励学生走出校园，在社区和社会上去开展关于道德与伦理的"社会活动"。道德就是要构建良好的人际关系，乃至包括人与动物在内的与自然环境的良好关系。如果说科学教育的最终目的是人类科学的发展，那么道德教育的最终目的就在于社会改良。

然而，作为致力于改良社会的准备工作，我们就要培养开展道德和伦理活动所需的判断力，以及构建与维护自己身边共同体的方法，而这与其他的学习一样，不应该是单方面的知识灌输。只是由教师单方面教会学生善恶标准和理由，显然是远远不够的。即使很小的孩子也知道，打人、撒谎、拿别人的东西是不对的，会被大人说，其实大人懂的孩子也都懂。问题在于，如何去说服自己。比如成年人会反复告诫自己，吃太多不好，喝酒不好，但是却依然积习难改；又比如心里明白自己应该少浪费，多与他人分享，应该去帮助其他国家需要帮助的人，然而却始终只是一个思想上的巨人，行动上的矮子。自己所推崇的事情，自己却未必真能做到。为了防止出现这样的成年人，就不能只是让孩子单方面顺从于常识和习惯，而是要培养孩子对于道德问题的主观能动性和判断力，以及付诸执行的能力。道德问题为什么与自身相关？某种行为究竟是好还是坏，理由和根据是什么？孩子应该与小伙伴们认真探讨并独立思考这些问题。道德教育中最为重要的，恰恰就在于思考道德性的理由和根据。

道德教育的泰斗级人物劳伦斯·科尔伯格（Lawrence Kohlberg）认为以下两点是道德教育的基础：第一，在学校的课表中加入关于道德问题的讨论以及增进道德成长的内容；第二，建设与完善学校环境，在学校的管理流程中，为学生提供更多民主参与的机会。（科尔伯格，1987年；莱玛等，2004年）笔者认为这两项方针基本正确。而无论是第一点，还是第二点，都离不开构建探究道德相关命题的共同体。探究团体形式的哲学对话可以促进第一点中所说的道德判断力的成长，通过在共同体中追求道德性，第二点也就能得以实现。如上文所述，对话本来就是在相互关怀的基础上才能成立，因此构建探究团体本身就是一种道德行为。

比如，班级里有一个学生打了其他同学。大家都知道打人是不对的，教师也可能会训斥打人的学生。然而李普曼却认为如果只是训斥，结果必定徒劳无功。与其立即训斥，教师不妨尝试让学生们进行一场共同探究。教师不去立即谴责打人的行为，而是将其变成一个尽量公平而又普遍化的问题让学生们去讨论。比如，可以问全班同学，打人需要什么样的理由？打人的学生可能会说因为讨厌被打的那个孩子。教师可以继续追问全班同学，这能构成打人的充分理由吗？接下来学生们可能会提出这样的问题："那讨厌谁就可以随便打谁吗？""如果被很多人讨厌，那岂不是要被很多人打？"一边听打人的学生怎么说，一边继续讨论。学生们会开始讨论需要什么样的理由和根据才能让自己的行为正当。

到最后，学生们会明白所有伦理行为都是需要理由的，自己在做出某种行为之前必须思考其理由，否则自己就很可能成为被道德指责的对象。形成了探究道德命题的共同体，每个人的判断和行为就会受到共同体的影响和指引。关于道德性的判断，在共同体的探究中得到分享和深化。学会了如何讨论某一个道德课题的共同体，还会去讨论新产生的其他道德课题。探究团体是具有道德自律性的共同体。

笔者在上文所介绍的哲学对话教材都提到了很多道德命题，文学和绘本中也有很多关于道德的内容，不妨先让学生们读一读，再告诉他们今天要讨论的是道德命题（关于善意、正义或规则），设置问题的大致框架。写得好的故事最适合用来讨论道德命题。道德两难问题也是不错的讨论对象。道德两难问题的所有选项都不是完美的，都会留下道德缺憾。比如："可以允许为了救某一个人而牺牲其他人吗？"道德两难问题对于促进道德命题的思考颇有益处，然而其所设定的状况往往过于单纯化，而且与日常生活相去甚远。

笔者认为，经常讨论这样脱离现实的问题，对于提高孩子在实际生活中的道德判断力毫无益处。要判断某一种行为的善恶，必须理解该行为的来龙去脉和背景。即使道德有普遍性的原则，也不能简单粗暴地用到所有的个别情况中。既然如此，就不需要有裁决的过程。因此对于道德命题，只有理解每个具体事例的特殊性、来龙去脉和背景，才能做出判断，而道德两难问题则往往会缺乏具体性。教材内容在思考善恶时，应该关注某个人做出某种行为的理由、动机、来龙去脉和背景。

此时，作为引导者的教师，不应该刻意诱导学生得出某种结论。这会使对话以失败告终，无法获得任何的道德教育成果。提出问题之后，必须让学生们自己去讨论。注意与其他哲学对话一样，谁都可以公平自由地发言，一个人发言时其他人都能认真聆听，针对发言提出问题，请发言者说出根据和理由。意识到讨论道德命题的共同体的存在，并且意识到自己是其中的一员，这本身就有助于提高道德意识。

最后，讨论道德命题时还有一点需要注意的是，不能强迫不想参与讨论的人或不想说话的人。比如讨论死亡命题时，最近失去了至亲的孩子就可能不愿意发言。贫困问题也是一个重要的道德命题，然而家境不好的孩子在发言时就会踌躇犹豫。反之，引导者也不能以一己之见就断定孩子们对某一个命题肯定不感兴趣。

前文中提到了对于贫困问题提出鲜明主张的小学生的示例，学生有能力将自己所处的困境转化为具有说服力的论述。再比如前文中的关于死亡的谈话，最后焦点转向了死亡与虚无两种概念之间的关系，话题脱离了互相交流体验的方向。引导者应该明确告诉学生，想说就说，不想说可以不说。决定命题和问题之前，也不妨确认一下是不是某个人希望避讳这个主题。笔者反复强调，对于哲学对话来说，安心感才是最重要的价值。笔者在前面科学教育章节中提到的斯普罗德，也出版了道德教育方面的著作，其中关于学生反应及其应对方法的论述与本书颇为一致，各位读者不妨参考一下（Sprod，2001年）。

作为对话的示例，笔者将在下文中列举出在日本初中一年级下学期的班级上所进行的对话。命题是：一个班级是否需要班主任？笔者的同事（大学教授）作为引导者（T1）参与对话，而该班的班主任（T2）当时也在场，命题是学生们自己定的。

S1：学校不只是学习的地方，书本之外的很多东西也应该教。教师比我们学生的人生经验更丰富，应该把白己成长过程中所学到的东西教给我们。

T1：你说的我都懂，但是必须由班主任来教吗？别的老师也都有各自的人生经验，你也可以多向其他几位老师请教啊。

S1：授业解惑也是需要火候的，在一起的时间长了，火候才能成熟吧。

S2：我想到的另一点是，父母不能教吗？

S3：孩子本来就应该由父母教育吧。但是父母都忙于工作，现实中的教育就只能交给学校。另外，我觉得只靠父母，恐怕学不到太多的经验，同样我认为只靠班主任也远远不够，还要向其他的老师多多请教。

S4：父母与我们有血缘关系，而且从小就在一起，已经没有紧张感了。教师没有血缘关系，能带来紧张感和新鲜感。

S5：遭遇校园霸凌的时候，跟父母或班主任商量是最好的选项吧。但是在父母面前可能又会犹豫不决或难以启齿，这时离自己最近的就是班主任了，所以我认为班主任不能取消。

S6：可以跟班主任商量是没错，但是我小学五年级遇到校园霸凌的时候，告诉班主任反倒被指责为告密，结果霸凌变得更严重了，并没有解决问题。

T1：同学们怎么看？老师想再听听更多人的实际经验，谁认为班主任很可靠，谁又像刚才这位同学一样感觉班主任的存在没什么意义呢。

S7：我小学六年级的时候，班主任是一位很严厉的老师，生气的时候很可怕，平时的想法也跟普通人很不一样，会从各种不同的视角去看问题，受其影响，我的想法也有了变化。

T1： 具体来说有了什么样的变化呢？

S7： 看待事物的方法或者说价值观，发现哪里不好或不对就去思考如何改善，我还明白了看法可以因角度而异，自己的想法也有了改变。

T1： 明白你的意思，但是请举例说明。

S7： 比如关于责任，小学时还可以蒙混过关，小学快毕业的时候那位老师说，你们以后是中学生了，要对自己所在的集体负责任。

T1： 原来如此。

S8： 我基本上与 S7 同感。我小学六年级的时候也有一位很不错的老师跟我们分享了很多经验，严中有爱地告诉我们应该怎样度过以后的初中生活，当时我跟一位朋友的关系不太好，跟老师说话会感到很放心，心情也会变好。

T1： 原来如此。别的同学呢？

S9： 我弟弟的班级很混乱，校园霸凌也挺严重，他们的老师会只偏袒一部分学生，其他学生被欺负了也视而不见。于是被欺负的学生开始以暴制暴，而老师也只知道责备，到最后大家反倒认为自卫反击的学生是坏孩子，他们的立场最尴尬。有这样的老师，一部分学生就会变得很危险。班主任是学生们在学校最亲近的人，也非常了解学生们的缺点，如果班主任不能仗义执言，很可能会成为校园霸凌的帮凶。

S10： 如 S9 所说，并不是所有的老师都是好老师，但是班主任毕竟是除了家人之外最亲近的成年人，我们以后到社会上就会发现，社会上也不全是好人，而学校里的老师也只不过是社会的一个缩影而已，认识到这一点，对于学生来说也是一种不错的社会经验。总之我认为班主任还是要有的。

这个班的学生能在自己的班主任面前讨论班主任存在的必要性，这本身就说明在这个班级里，对话的安心感是有保障的。笔者认为这位班主任一定深受学生的信任。大家都明白这不是关于班主任个人的问题，整个讨论的核心问题是班主任制度本身是否合理。学生们也都理解他们的班主任只是制度中的一颗螺丝钉而已。接下来，话题从一个班级是否需要班主任转向讨论好老师的标准。大家都希望自己的班主任是一位好老师，然后大家开始谈论自己小学时的班主任。有几位学生谈到了好老师带来的好影响，也有人谈到了一些不负责任的老师，令听者瞠目结舌。学生们批判一部分教师不主持正义，不关心学生，只知道明哲保身。最后还提到了那位"不敢仗义执言的教师"，可见学生们的眼睛是雪亮的。

尤其值得注意的是，那位谈到校园霸凌问题的学生，平时其实很内向，不喜欢在人前说话。其后针对这位同学的发言，大家又进行了热烈的讨论，限于篇幅，本书忍痛割爱，不加赘述。这位平时很不显眼的学生的发言也获得了全班同学的接受和认可。只要保持这样的好氛围，这个班级今后应该也能勇于面对其他的道德课题。

教学科目的萌芽在生活中

如上文所述，其实所有的教学科目中都可以导入哲学对话，而哲学对话也涉及各学科的深层问题。例如："什么是虚构？""人们为什么要记录历史？""数学有什么用处？""科学会让人类的生活变得更幸福吗？""体育运动为什么要有规则？""法律管辖的界限在哪里？"这些都构成各学科基础的简单而又有深度的问题。这些问题也许很难找到答案，但是如果我们不去思考这些问题，就等于不去思考学问和知识的存在目的，也就不会去反省为什么要去学习某一个科目，这会让孩子在成长过程中与批判性思维擦肩而过。而很多教师和家长其实也完全没有思考过这些问题，不妨让自己归零，跟孩子一起开始重新学习。

综上所述，哲学对话就是要探寻某学科存在的意义，或者说学习某学科的意义。哲学重视思考，思考就是去发现难以发现的关联性。哲学对话首先要追问的就是孩子最可能感兴趣的关于知识的含义和学习的意义等问题，比如："为什么必须学习历史？""为什么读书有价值？""科学与我们的生活有哪些关联？"尤其是从小学高年级到中学阶段，孩子会开始认真地思考自己所学的东西有什么意义，努力学好这些科目对于自己的人生有什么样的价值。如果只是简单地说将来会派上用场，能成为有教养的成年人，或者只是因为学习有趣，作为学校教育正当化的理由显然有些牵强而不够充分。孩子需要一个机会去独立地深度思考学习的意义，重新审视自己到底想要学些什么。正因为重新审视的过程仅靠一己之力很难完成，探究团体才有其存在的意义。追问学习的意义，也是将各学科置于整体知识、社会、生活等大背景中的一个过程，换言之，也是将各学科放进一张以追寻生活的意义为目的的大网之中。只要认真地反复审视自己，就一定能增强学习的动力。

笔者认为，**抓住各种机会，让孩子们去讨论人生方向和职业选择，以及与现在的学习和学校生活的关联性，对于孩子来说是一种很好的锻炼。**比如，在笔者从事实践活动的学校里，在高中分文理科的时候，就会让学生们进行这样的对话。在开始备战高考之前，不妨先让孩子们讨论一下自己未来想要过什么样的生活，自己对哪些职业感兴趣，又为什么会感兴趣。与其自己一个人烦恼或完全依赖父母做决定，不如让孩子们一起讨论想考进什么样的大学，学习哪个专业，这样更能让孩子做出正确无悔的判断。

家庭篇
父母与孩子之间、孩子与孩子之间的对话方法

看完此书,一定有读者希望在家庭里与孩子一起进行哲学对话吧。本书在解释说明儿童哲学的推进方法时,始终假设场景是学校的课堂和课外活动,其实在家里也没有太大的区别。当孩子进入反抗期之后,孩子和大人都会感到交流受阻,导致亲子之间或兄弟姐妹之间很难认真地进行对话。笔者认为,到小学中年级为止都还相对容易一些,几个家庭聚在一起,也能营造出更好的对话氛围,让孩子自己叫上小伙伴更是不错的选项。

下文中就来介绍笔者以日本的托儿所、幼儿园到小学中年级的学童为对象,在校外所开展的哲学对话的流程。

1. 迎合孩子的兴趣去选择素材

一开始不用太在意具体的对话形式，总之先确定孩子感兴趣的素材。

比如绘本就是不错的题材，可以选择孩子感兴趣的，有点小谜团，或者催人思考的书。已经总结出教训的素材可能反倒不利于思考。家长跟孩子一起慢慢读绘本，可以多读几遍，直到理解故事剧情为止。如果故事太长，可能需要花费很多时间去理解。不妨使用儿童哲学专用的绘本。

当然，素材也不一定必须是故事书或绘本，绘画也可以，或者看了电视节目之后谈谈感想也未尝不可。也可以是室外体验，比如家庭旅行、社会参观、博物馆、美术馆、与小伙伴一起玩的游戏，都是不错的选择。

重点是，要选择孩子感兴趣的、希望与别人讨论与分享的话题。

2. 深挖孩子的兴趣就会找到话题

哲学对话与平时说话的区别就在于，平时说话可以不断更换话题，而哲学对话则要围绕同一个话题进行深度思考和探究。平时说话时，即使问出了"为什么、真的吗、有什么意义"之类的问题，也不会去认真思考，互相提供信息，互相认可之后就结束了，而哲学对话则要去深究某一个话题。

比如，孩子读了绘本之后说很有趣，此时就要继续追问有趣在哪里，并让孩子翻着书回答。孩子说绘本无聊也没关系，可以继续追问怎样能让它变得有趣，或者孩子对什么样的话题和故事感兴趣。年龄尚小的孩子会关注大人容易忽视的一些细微的点，但这些孩子感兴趣大人却不会关心的点，正是不错的对话入口。

有多位儿童时，可以让孩子们分别说出自己关心的点，也不妨让孩子具体细致地说明自己感兴趣的理由，与其他孩子分享，让视野和兴趣多样化。

3．"哪里有趣？""你觉得是为什么？"   ——用关键词引发疑问

围绕着孩子最感兴趣的话题提出问题，可以让对话更有深度。比如去了博物馆的孩子说恐龙很有趣。此时问孩子哪里有趣或如何有趣，孩子可能会回答恐龙很大、很好奇恐龙是什么时候灭绝的，又或者好奇恐龙怎么运动，不妨让孩子表达得更细致一些。也许这些问题只有科学（古生物学）才能回答，并非哲学命题，然而这也无妨。哲学与科学的本质都是智力活动，哲学问题的特点就是在讨论过程中必会遇到科学的根本性问题。只要对"恐龙很大"这件事情感兴趣，就能推演出很多种对话方向。如

果马上就告诉孩子进化论的正确答案，显然很无趣，去追寻"巨大生物"的谜团，才能激发思考与想象。首先可以让孩子围绕着体型巨大来提出问题。比如："今天还有像恐龙这么大的生物吗？""为什么只有体型小的生物存活下来了？""如果今天还有这样巨大的生物，世界会变成什么样子？"可以让孩子自己提问，也可以由作为引导者的父母代为提问。

4．用孩子提出的问题去引导对话

提出问题后，确定孩子最希望讨论的话题，继续对话。

比如"如果今天还有这样巨大的生物，世界会变成什么样子？"这个问题，就可以尽情放飞想象力，设想出很多种不一样的情况，可能会谈及恐龙在今天的自然界中生存的困难性、与人类以及其他生物共存的困难性，或者生物多样性的重要性。由于恐龙体型巨大，对话的方向就很容易走向如何与生态系统以及其他生命实现共生的哲学问题。同样以恐龙为主题，只要提出不同的问题，也可能发展成为进化论或生物适应性的问题。

5．不止于调查

对于查书本就能了解的事实问题与很难获得答案的哲学问题，孩子经常会混淆。比如"什么是普通？"要回答这个问题，就需要思考"普通"这个词在社会上如何被使用，所以这是一个很有哲学意义的问题。再比如,"语言是由谁创造的?""为什么万物都要有名字?"这些既是语言学的问题,同时也是哲学问题。

"我们是如何知道冷暖的?"这个问题是关于皮肤对温度的感觉,涉及生理学和心理学的领域。那么只要去读生理学和心理学的图书就可以了吗?大人当然可以带孩子去图书馆或上网调查关于皮肤温度感应机制的信息,然而只要继续发问,也是能深挖出哲学问题的。比如:"机器人也知道冷暖吗?""冷暖究竟是被动知道的还是主动感受到的?""为什么同样是人,对于冷暖的感觉却不一样?"一边看图鉴、查词典、上网查信息,一边追寻问题的答案,这本身就是哲学。

6．兄弟姐妹或三五个小伙伴也可以试试看

一个大人一个孩子当然可以进行对话,几个孩子聚在一起更有趣。孩子们都各有各的看法和意见,但是有的孩子发言积极,有的孩子却犹豫不决。这里需要注意的是,可以让发言积极的孩子回答对其他人发言的看法或者向其他孩子提问,培养聆听的态度。犹豫不决的孩子,只要耐心等待,也都会慢慢开始发言,不能强迫孩子发言。但是如果某个孩子需要时间去总结自己的想法,就需要大家一起耐心等待。整体流程要慢,每个人发言之间留些空隙,时而让某位孩子做个归纳总结。兄弟姐妹可以在一起读书或一起外出玩耍之后,很自然地开始对话,不用刻意把对话

看作学习，在互相深化提问的对话中，提问力和思考力自然就会得到提高。

兄弟姐妹立场各不相同，可以好好谈一谈。"年长的孩子一定要谦让年幼的孩子吗？""兄弟姐妹应该上同一所学校还是分开上不同的学校？"这些都是很有意思的话题。兄妹或姐弟之间有性别差异，也是不错的谈资。从不同的视角去审视相同的事物，这样的见解都是弥足珍贵的。当有人提出这样的发言之后，可以问问其他的孩子有什么看法或疑问。即使相同的意见，孩子也能描述出不同的理由，所以大家的意见是否一致并不重要，让孩子说出意见背后的理由并进行解释说明才是重点，为此如果需要时间，请不要吝惜。

7. 让孩子意犹未尽的收尾方式

学校的课时安排一般会先决定授课时长，到时间就结束，但是家庭成员或好朋友之间，可以在有话题时自然开始对话，感觉孩子的注意力转移了就自然结束。比如可以先一起看绘本或图鉴，一起讨论孩子感兴趣的问题，等到谈话达到一定深度之后再开始哲学对话。孩子年龄小，体力和专注力有限，然而在孩子对哲学对话感兴趣的时候，往往会表现出惊人的专注力。

收尾时完全没有必要得出某种结论。在学校里，笔者经常会目睹因为教师硬要往某一个方向引导，使原本挺不错的对话前功尽弃。这样会让孩子误认为反正自己说了也不是正确答案，最后还得由老师下结论，结果就放弃了对话与思考。

其实最后收尾时只需要简单地回顾一下对话的流程即可。每个孩子在对话前和对话后，有没有获得新的思考，自己的思维有没有获得发展，有没有受到其他人的启发，让孩子反省自己的想法有了哪些变化，也不妨让孩子写在纸上留作记录。等过后再看，就会感受到自己的思考得到了发展，思维得到了丰富。

作为对话的感想，也可以让孩子做一下自我评价。对话的内容固然重要，而更好地去参与到对话中，才真正有助于思考力的发展。

对话结束时的自我评价

① 今天是否做到互相认真听对方讲话？
② 今天与很多人对话了吗？你的发言够积极吗？
③ 是否有深入思考？还是只停留在问题表面？
④ 今天是否尊重了别人的不同意见？
⑤ 对今天的提问满意吗？
⑥ 今天有激烈的争论和意见磨合吗？
⑦ 是否尝试结合别人的想法进行思考？
⑧ 有没有始终专注于所讨论的话题？
⑨ 对于今天的问题，你的思路顺畅吗？
⑩ 你的想法是否有改变，或者有了新的思路？
⑪ 今天的哲学时间有趣吗？

烦恼篇 对话不顺畅时的应对方法

无论在校内还是校外（比如家庭），对话都难免有不顺畅的时候，但是我们一定要戒骄戒躁。即便是运动员或音乐家，也都无法始终保持最好的竞技或演奏状态，不如意十之八九，即使没有向既定方向发展，也一样能产生充满发现与洞察的对话。如果大家都在思考，对话的进度慢就并不是一种坏的状态。哲学对话就是要为思考而发问，为促进思考而对话。然而，对话有时也会真的停滞不前，原地踏步。此时我们应该怎么做呢？下文中，笔者将假设几种场景，思考如何进行应对。

没有形成共同讨论的氛围时

笔者受邀前往日本的学校做哲学对话培训，有时候一进教室就能发现这个班级的气氛有问题。班级分裂成很多小组，男女同学之间关系不好，很难拿出认真对话的态度。一看便知这样的班级是四分五裂的，这说明这个班级无法确保对话所需的"安心感"，对话也就不会顺畅。这样的班级往往只在表面上敷衍，很难真正敞开心扉。此时不妨将班级中现有的问题本身作为讨论话题。话虽如此，如果问得太过于直截了当，学生们可能会以为引导者生气了。引导者可以直率地表现出对于学生们的反应感到些许困扰，并对他们说："首先我希望能认识并了解大家"，然后让学生们以自我介绍的形式谈谈最近对什么感兴趣，先从学会聆听别人说话开始。最后，让学生们自己提出想讨论的问题。如果这样还是找不出班级想讨论的问题，引导者不妨以人际关系或朋友为主题去提问，比如，"人需要有朋友吗？"或者"应该怎样与自己不喜欢的人来往？"让学生们去思考班级的现有问题，无视眼前的问题而一味地谈论抽象问题，其实并非哲学的正确打开方式。

只有少部分人在发言时

只有少部分人在发言有两种可能性。一是，一些自以为知识丰富、好为人师的学生频繁举手回答问题。在成年人的咖啡哲学沙龙中也不乏这样的人。二是，只有一小部分人在进行对话，而其他人则完全跟不上步调。

通过与别人的对话去改变自己，哲学对话才有意义。与思考过程相比，学校教育更重视正确答案，有人喜欢炫耀知识，其实也是传统学校教育的一个缩影。想找到正确答案,这本身就是模仿者或追随者的态度,而有创造力的人则更重视过程。

炫耀知识的根本性动机在于,认为只有在竞争中胜出,自己才能获得认可,而哲学对话是一个在共同体中互相深化思考的过程,更加重视聆听他人和反省自己。因此提问就变得尤为重要。通过"为什么?""真的吗?""请举出具体的例子"之类的问题,可以对每个人的发言进行认真的斟酌与思考。

发言频繁的人难免会鲁莽草率,当某一个孩子只关注于自己的想法而喋喋不休时,可以让其暂停发言,问他(她)为什么会这样认为,让他(她)重新审视自己的想法,也可以问其他孩子:"刚才这位同学的意见大家怎么看?"听听大家的看法。对话就是要让更多的人参与其中。

还有一种情况是,只有一小部分人在进行对话,而其他人则完全跟不上步调。此时要让更多的人发言,最好的办法就是放慢速度。引导者首先要耐心接受现状,并向还没发言的孩子提问:"请回顾一下说到哪里了。"或"你们认为为什么会提出这样的问题?"让还没发言的孩子做个总结归纳,提出自己的问题,或重新进行解释说明,这种方法可以确保大家都跟上进度。社团毛线球也是很有效的工具。横向传球,让大家都有机会发言,给孩子充足的思考时间也很重要。不妨放慢发言的速度,多听更多人表达见解。

原地踏步、停滞不前时

针对某一个命题提出问题并进行讨论时，经常会进展不力，停滞不前。此时，引导者就要判断是否还有继续讨论的余地，如果还有没讨论到的论点，引导者不妨问问大家是否值得讨论。引导者应该事先考虑到哲学讨论可能的发展方向，如果实在无法继续，不妨返回问题的初衷或一开始的主题，重新提问。如果大家都已经疲于思考，可以适当给一些休息时间，或者当天直接结束。

众说纷纭、各执己见时

这种情况往往也是由于进度过快造成的，当某一个人发言后，另一个人又从不同的角度发言时，就可能会搞不清二者有何关联，此时可以向后者确认，究竟是认同前一个人的发言，只是做了补充，还是反对前一个人的发言？究竟是想给出一个不同的例子，还是希望从不同的角度去思考？或者是否希望返回前一个话题？让后者说出前后的关联性。其实关联性肯定是以某种形式存在的，但是发言者本人未必意识得到，因此明确关联性就变得尤为重要。要让大家互相磨合，就要互相提问。

泛泛其谈、失去深度时

平时的谈话难免会经常更换话题，享受谈天说地的乐趣，而哲学对话则要尽量围绕着同一个主题进行思考。一开始就要选择大家愿意去深入讨论的主题，当讨论停滞不前时，不妨返回最初的主题，大家一起努力寻找改变思路的机会，可以尝试假设各种场景，提出一些极端或荒诞的问题，或者让自己的意见动摇的见解。比如："问题出在哪里？""别的人会怎么想？""如果……会怎样？"

一部分人完全无意发言时

造成这种情况的原因有很多。比如小组的人际关系原本就不太好、性格原本就比较内向、过度紧张导致说不出话来、进度太快跟不上。要根据具体原因，有的放矢地进行应对。而无论原因何在，放慢速度总是好的。有的人可能需要一定的时间才能开始发言，只要耐心等待，他（她）就会开口说话并且越来越积极。因为过度紧张而说不出话的人也不必强迫其发言，而是应该告诉他（她），只要能在这里找到安心感，即使不说话也是有意义的。将问题简单化，如询问"是或不是、对或不对"也是让孩子张口的好办法。不妨多花点时间，不急不躁地多做各种尝试。

参考文献

オスカー・ブルニフィエ『こども哲学』シリーズ日本語版監修：重松清、西宮かおり訳、朝日出版社。

オスカー・ブルニフィエ『はじめての哲学』シリーズ藤田尊潮訳、世界文化社。

林竹二・小野成視（写真）(1981)『問いつづけて：教育とは何だろうか』径書房。

本間直樹・高橋綾(2010)「小学校で哲学する：オスカル・ブルニフィエの相互質問法を用いた授業」『臨床哲学』第 11 号、五八~七四頁。

トーマス・E・ジャクソン(2013)「やさしい哲学探究」中川雅道訳、『臨床哲学』第 14 号(2)、五六~七四頁。

加藤公明・和田悠編(2012)『新しい歴史教育のパラダイムを拓く』地歴社。

ローレンス・コールバーグ(1987)『道徳性の形成：認知発達的アプローチ』永野重史監訳、新曜社。

シャロン・ケイ、ポール・トムソン(2012)『中学生からの対話する哲学教室』河野哲也監訳、玉川大学出版部。

楠見孝・子安増生・道田泰司編(2011)『批判的思考力を育む:学士力と社会人基礎力の基盤形成』有斐閣。

桑子敏雄(2005)『風景のなかの環境哲学』東京大学出版会。

ブリジット・ラベ、ミシェル・ピュエシュ『哲学のおやつ』シリーズ高橋啓訳、汐文社。

エッケハルト・マルテンス(2003)『子供とともに哲学する:ひとつの哲学入門書』有福美年子・有福孝岳訳、晃洋書房。

G・B・マシューズ(1996)『子どもは小さな哲学者』(合本版)、鈴木晶訳、新思索社。

G・B・マシューズ(1997)『哲学と子ども:子どもとの対話から』、倉光修・梨木香歩訳、新曜社。

松下佳代編著(2010)『〈新しい能力〉は教育を変えるか:学力・リテラシー・コンピテンシー』ミネルヴァ書房。

村瀬智之(2013)「相互評価の可能性」『臨床哲学のメチエ』第二〇号、四〜八頁。

寺田俊郎(1999)「子どものための哲学・子どもとともにする哲学」『臨床哲学のメチエ』第四号、八―一三頁。

J・ライマー、D・P・パオリット、R・H・ハーシュ(2004)『道徳性を発達させる授業のコツ:ピアジェとコールバーグの到達点』荒木紀幸監訳、北大路書房。

Black, P. & Wiliam, D. (1998) *Inside the Black Box: Raising Standards Through Classroom Assessment*. NFER Nelson.

Burgh, G. Field, T. , & Freakley, M. (2006) *Ethics and the Community of Inquiry: Education for Deliberative Democracy*. Cengage learning Australia.

Fisher, R. (2005) *Teaching Children to Think*. 2nd Edition, Nelson thornes.

Fisher, R. (2008) *Teaching Thinking: Philosophical Enquiry in the Classroom*. 3rd Edition. Continuum.

Fisher, R. (2009) *Creative Dialogue: Talk for Thinking in the Classroom*. Routledge.

Hannan, P. & Echeverria, E. (2009) *Philosophy with Teenagers: Nurturing a moral imagination for the 21st Century*. Network Continuum.

Laverty, M. & Gregory, M. (2007) " Evaluating Classroom Dialogue: Reconciling Internal and External Accountability. " *Theory and Research in Education*. Volume 5 (3), pp. 281 – 308. DOI: 10. 177/1477878507081792.

Lipman, M. (1988) *Philosophy Goes to School*. Temple University Press.

Lipman, M. (2003) *Thinking in Education*. 2nd Edition. Cambridge University Press.

Lipman, M, Sharp, A. M. , Oscanyan, F. S. (1980) *Philosophy in the Classroom*. 2nd Edition. Temple University Press.

McPeck, J. E. (1981) *Critical Thinking and Education*. Oxford: Martin Robertson.

McPeck, J. E. (1990) *Teaching Critical Thinking*. New York London: Routledge.

Paul, R. & Linda, E. (2007) *The Miniature Guide to Critical Thinking: Concepts and Tools*. The Foundation for Critical Thinking.

Splitter, L. & Sharp A. M. (1995) *Teaching for Better Thinking: The classroom community of inquiry*. Acer.

Sprod, T. (2011) *Discussion in Science: Promoting conceptual understanding in the middle school years*. Acer.

Sprod, T. (2001) *Philosophical discussion in moral education: the community of ethical inquiry*. Routledge.

Trickey, S. & Topping, K. J. (2004) "Philosophy for children: a systematic review", *Research Papers in Education*, Volume 19, Issue 3, pp. 365 – 380.

后记

笔者写这本书的初衷是，让哲学对话更加普及，从而提高孩子的对话力和思考力。这本书中提到了儿童哲学的理论和实践方法，然而对话中并不存在绝对正确的金科玉律，过分拘泥于具体的技巧也无异于本末倒置。我们每一位实践者，都必须在实践中去寻找自己的风格。哲学对话赋予人生意义，所以哲学对话首先应该是有趣的。无论何种知识和技术，如果不赋予其意义，就会变得虚无缥缈，让人失去学习的动力。哲学对话与所有的教学科目都可以产生关联，可以成为通用的知识资源。笔者衷心期望各位读者都能回归童心，与孩子一起进行哲学对话。

在本书的编纂过程中，笔者得到了社会各界人士的鼎力相助：给笔者实践机会的日本各小学、初中、高中的学生、家长和教师们，恕不能一一署名，在此一并致谢。